フリードリヒ２世

シチリア王にして神聖ローマ皇帝

藤澤房俊

平凡社

『鷹狩りの書』のフリードリヒ２世とされる人物

フリードリヒ2世——シチリア王にして神聖ローマ皇帝　目次

カバー表：
サレルノ大聖堂に存在する「エクルテット宗教典礼の書」にある、13世紀前半に描かれた、笏と地球儀を手にもつ皇帝。フリードリヒ2世という説もある。

シュタウフェン家時代の神聖ローマ帝国

プロローグ――フリードリヒ二世とは

歴史が交錯する場

地中海に浮かぶシチリア島のパレルモにある大聖堂の側廊には、シチリア（イタリア）とドイツの歴史が交錯する特別の空間がある。入場料（一・五ユーロ）を払って入ると、四つの大理石の石棺が置かれている。

石棺に納まる人物を年代順にみると、一番目はバイキングを祖先に持ち、ノルマンディーから南イタリアに傭兵として渡来したノルマン人で、シチリア王国を創建したルッジェーロ二世である。二番目はシュタウフェン家（ホーエンシュタウフェン家）の神聖ローマ皇帝ハインリヒ六世、三番目はルッジェーロ二世の娘で、ハインリヒ六世の妻コスタンツァである。そして、四番目はハインリヒ六世とコスタンツァの間に生まれ、シチリア王、ドイツ王（正式には「ローマ人の王」rex romanorum）、神聖ローマ皇帝のフリードリヒ二世である。

大理石の天蓋のついたフリードリヒ二世の赤茶色の重々しい斑岩《はんがん》の石棺は、四本の獅子の石像に支えられている。そこを訪れたとき、今でも世界中にいる熱烈なフリードリヒ二世信奉者が捧げたのであろう赤と白のバラの花が石棺の前に置かれていた。石棺の正面にある墓碑銘には次のように記されている。

ここに、フリードリヒ二世が眠る。

かれは地上で、そして海上で、人民と王国を服従させ
突然の耐え難い死がカエサル（皇帝）の名を打ち砕いた。
この墓には全世界を従わせた者が納められている。

破天荒なフリードリヒ二世の生涯

幼くして父母を亡くし、天涯孤独の身となったフリードリヒ二世は、ローマ教皇を後見人として育った。フリードリヒ二世は、教皇のおかげでドイツ王となり、皇帝の冠をうけた。それにもかかわらず、皇帝となったフリードリヒ二世は、とりわけ教皇グレゴリウス九世と激しく対立し、抗争を続けた。

フリードリヒ二世は、五六年（一一九四〜一二五〇年）の生涯で、教皇から二度の破門をうけ、最後は皇帝の廃位を宣告された。最初の破門の理由は、口実をもうけて十字軍遠征を先延ばしにしてきたことであるが、その根本的な理由はシチリア王国の問題にあった。

ノルマン人のルッジェーロ二世が創建した

パレルモ大聖堂にあるフリードリヒ２世の石棺

シチリア王国の領地はシチリア島だけでなく、イタリア半島の南イタリアを含み、その北辺は教皇領と国境を接するアブルッツォであった。フリードリヒ二世は、「シチリア」という言葉を「南イタリアの王国」の意味で使用し、シチリア島と南イタリアに住む人々をシチリア人と呼んでいた。カール大帝が創建した北イタリアを中心とするイタリア王国 Regnum Italiae は、神聖ローマ帝国に属していた。ただ、イタリア王国には国王は存在せず、皇帝代理が支配していた。

毀誉褒貶相半ばするフリードリヒ二世

ゲルマンとノルマンの血をあわせもつ、シチリア王にして神聖ローマ皇帝フリードリヒ二世は、神聖ローマ帝国へのシチリア王国の統合を追求し、中部イタリアにある教皇領を南シチリア王国と北イタリア王国から挟んで、万力で締め上げようとした。これは中世ヨーロッパを特徴づける教皇権と皇帝権の争点の一つであった。

その対立が最高潮に達するのは、二度目の破門を宣告されたフリードリヒ二世を、教皇グレゴリウス九世が『ヨハネの黙示録』にある海から現れた竜の首をもつ獣に譬え、神を冒瀆するアンチキリスト、異端と断じたときである。そのときから教皇と皇帝の間でおこなわれた非難の応酬については本論で述べるとして、ここでフリードリヒ二世に対する歴史研究者の評価を見ておこう。

近代において、フリードリヒ二世への強い関心を惹起《じゃっき》したのは、スイス人の歴史家カール・ヤーコプ・ブルクハルトである。かれは、かの名著『イタリア・ルネサンスの文化』(一八六〇年)で、フリードリヒ二世を「玉座についた最初の近代人」と述べた。ブルクハルトは、フリードリヒ二世を、あらゆる権力を手中におさめようと、中世の封建的社会秩序を脅かした、イタリア・ルネサンスの僭主《せんしゅ》に先んじた人物と理解していた。ところが、ブルクハルトの理解とは異なり、時代を先取りしたフリードリヒ二世の近代性が独り歩きすることになった。なお、最近の研究では、フリードリヒ二世はルネサンスの先駆者ではなく、中世の頂点と凋落《ちょうらく》を具現する皇帝とみなされている。

ブルクハルトは、教鞭をとっていたスイスのバーゼル大学で、同時期に古典文献学を教えていたフリードリヒ・ニーチェと親交があった。ニーチェは、「隠者のように人と離れて生活している思想家」ブルクハルトに尊敬の念をあらわし、かれの友情に感謝している。

イタリアをこよなく愛したフリードリヒ・ニーチェは、自分と同じ名前のフリードリヒ二世を「ヨーロッパで最初の自由で、偉大な、天才的な精神の持ち主」と評している。アンチキリストの哲学者ニーチェは、フリードリヒ二世を「ドイツの皇帝のなかで天才」として、歴史のなかの「超人」に位置付けた。かれは、皇帝フリードリヒ二世を「申し分のない無神論者にして教会の敵となる人物、私の最も親しい血縁のひとり」と述べている。「親しい血縁のひとり」とは、ドイツ人で、アンチキリストで、かつフリードリヒと名前が同じことを指しているのであろう。フリードリヒ二世を天才的な超人とするニーチェの理解は、ヴェルサイユ条約で打ちのめされた第一次世界大戦敗北後のドイツで広く支持された。

エルンスト・カントーロヴィチが、多くの史料にもとづく、浩瀚《こうかん》で、「想像力の豊かな」『皇帝フリードリヒ二世』を上梓したのは一九二七年である。それは出版当初から研究者からの厳しい批判を浴びた。その詳細は邦訳『皇帝フリードリヒ二世』の「訳者解説・あとがき」に紹介されているが、カントーロヴィチの『皇帝フリードリヒ二世』がいまだに、フリードリヒ二世研究の古典中の古典であることには変わりない。

カントーロヴィチは、「万物の支配者 cosmocratori の正真正銘の王冠」をかぶる「最初のルネサンス的天才」としてフリードリヒ二世を客観的に描こうとしたが、その成果はナチズムの高揚のなかで、政治思潮に絡め取られ、政治的に曲解されてしまうことになる。

ナチス親衛隊のヒムラーがナイトテーブルに置き、寝る前に読んだといわれるカントーロヴィチの『皇帝フリードリヒ二世』は、ドイツ軍のゲーリング元帥によってムッソリーニに贈呈された。ヒトラーとムッソリーニのベルリン・ローマ枢軸（一九三六）は、ドイツとイタリアの運命を一つにしたシュタウフェン家のフリードリヒ二世の帝国を実現するかに思われた。第三帝国の創始者ヒトラーを称揚するために、フリードリヒ二世の石棺をパレルモからベルリンに移そうと考えるものもいた。

フリードリヒ二世にかかわる論争には、ドイツ人とシチリア人の血を引くフリードリヒ二世はイタリア人か、ドイツ人かというものがある。ドイツ人のなかには、フリードリヒ二世は「中世の輝かしい皇帝を象徴する最後の一人」であるが、ドイツをイタリアに中心を置く帝国の「周辺国家、下男」にしてしまった人物、あるいは「ドイツ王となった最初の外国人」という主張がみられた。神聖ローマ皇帝のフリードリヒ二世がイタリアに中心軸を置いたことは、ドイツ人からすれば遺憾なことであった。

たしかに、フリードリヒ二世は、神聖ローマ帝国のイタリア支配というシュタウフェン家の伝統的な政策を追求し、ドイツよりもイタリアに重点を置いたために、ドイツの政治的分断の道を開き、「君主国を諸邦の連邦」にしてしまったという主張もあった。

今日の歴史研究では、フリードリヒ二世が、母方のノルマン朝の法律、統治体制を継承し、父方の祖父フリードリヒ一世（髭が赤かったことで、イタリア人からバルバロッサ「赤髭王」と呼ばれた。以下、「赤髭王」と表記）の帝国理念を追求した中世の皇帝であることに異議を唱える人はいない。

フリードリヒ二世の歴史的評価の代表的なものは、カール・ハンペの「皇帝の称号に十分に値する、ドイツの皇帝のなかで最も偉大な、確実に最も魅力的で、興味深い人物である」というものである。また、トマス・ヴァン・クリーヴはフリードリヒ二世を「歴史においてかれに匹敵するもの、並ぶものもいない」と、フーベルト・ホーベンは中世の君主のなかでフリードリヒ二世のように「名声を博した皇帝は、非常に少ない」と指摘している。

生前から現代にいたるまで、宗教的・政治的な影響を受けて大きく歪曲されたフリードリヒ二世像は、EUの誕生にともなって、多文化的特徴と宗教的寛容、西洋と東洋の対話の主導者、「コスモポリタン的精神」が強調されるようになっている。

本書は、ドイツのシュタウフェン家とシチリアのノルマン朝の血を引き、教皇と戦い続けたシチリア王にして神聖ローマ帝国皇帝フリードリヒ二世の破天荒な生涯を語るものである。

I

シュタウフェン家とノルマン朝の結合

教皇を驚かせた婚約

ヨーロッパ中世の世俗的な最高権威である神聖ローマ帝国の皇帝「赤髭王」の息子ハインリヒ六世と、新興のシチリア王国のルッジェーロ二世の娘コスタンツァの婚約は、教皇ルキウス三世の虚を突いたもので、寝耳に水のことであった。なぜ、この婚約が成立したのか、なぜ教皇はこの婚約に驚愕したのか。そこに、本書を読み解くための鍵が隠されている。

フリードリヒ二世の誕生につながるドイツとシチリアの王朝の縁組は、北イタリアのロンバルディーア都市同盟に手痛い敗北を喫した「赤髭王」が、ロンバルディーア都市同盟を背後で支援する教皇の裏をかいて仕掛けた巧妙な策略であった。

というのも、その婚約ではシチリア王グリエルモ二世が世継ぎを残さず亡くなったときには、ハインリヒ六世がシチリア王となることが決められていたからである。それによって、北イタリアだけでなく、南イタリアのシチリア王国の支配という、神聖ローマ帝国の皇帝が歴史的に追求してきた戦略が、きわめて現実味を帯びてくるのである。

ハインリヒ六世とコスタンツァの結婚式

一一八六年一月二七日、ミラノのサンタンブロージョ教会で、ハインリヒ六世とコスタンツァの結婚式が盛大におこなわれた。ここに、ドイツのシュタウフェン家とシチリアのアルタヴィッラ家（フランス語でオートヴィル家）が結合した。結婚式がドイツでもシチリアでもなく、イタリア王国のミラノでおこなわれたのは、ミラノに対する神聖ローマ帝国の権威を誇示するためであった。アクイレイアの総大司教は、帝国の領土であったイタリア王国の王に就く儀式としてランゴバルド族の鉄王冠を、ハインリヒ六世に授けた。

「赤髭王」フリードリヒ１世

ハインリヒ６世

ルッジェーロ２世

コスタンツァ

新郎のハインリヒ六世は二一歳で、父「赤髭王」とは外観も性格も著しく異なり、髭はまばらで、体格も貧弱で、無口で暗く、人を惹きつける魅力に欠けていた。だが、カントーロヴィチによれば、ハインリヒ六世は支配者として「驚くべき才知と政治的な天分」を持ち合わせ、性格は「冷酷非情」であった。

新婦のコスタンツァは三二歳で、美人ではなかったが、聡明で気丈な女性であった。コスタンツァは、父ルッジェーロ二世が亡くなった二ヵ月後の一一五四年に生まれた。彼女は成長して修道女となっていたが、この結婚を機に、ローマ教会によって修道女の誓約が解かれたと言われる。ダンテもコスタンツァが「甘美なる修道院」から引き戻されたと記している。ただ、コスタンツァが修道女になっていたかどうかについては、いかなる史料も残されていない。

この婚姻は、神聖ローマ帝国によるイタリア支配が強化、拡大される一方で、ヨーロッパの周縁であったシチリア王国を西ヨーロッパに組み入れ、一二八二年の「シチリアの晩禱《ばんとう》」の事件まで続く、一二～一三世紀の地中海支配をめぐるヨーロッパの抗争の始まりであった。

神聖ローマ帝国とイタリア

フリードリヒ二世の誕生につながる神聖ローマ帝国とシチリア王国の婚姻関係が成立したのには、イタリア支配をめぐる神聖ローマ帝国と教会との争い、すなわち皇帝権と教皇権の争いが深くかかわっていた。その理解のために、すこし寄り道になるが、神聖ローマ帝国の南イタリアへの介入にかかわる歴史的変遷を見ておく必要があろう。

カール大帝（シャルルマーニュ）は、八〇〇年にローマで教皇レオ三世により戴冠して、西ローマ皇帝となり、古代のローマ皇帝に属していた権利の一切は自己に帰属すると主張した。カール大帝が支配したイタリアは、北イタリアからローマを含むラッツィオとナポリの位置するカンパーニアまでであった。

南イタリアでは、カール大帝から北イタリアを追われたランゴバルド族が住み、みずからの文化を保持していた。ローマ帝国の継承者であることを主張するビザンツ帝国は、南イタリアの一部とシチリア島全土を支配していた。カール大帝は、西ローマ帝国の中心から遠く離れていたという理由だけでなく、ビザンツ帝国との争いを避けるためにも、南イタリアには介入しなかった。

　東フランクのオットー一世が九六二年に皇帝となると、ローマ帝国の復興と神聖なる皇帝が合体した神聖ローマ帝国が成立し、ドイツ王権とローマ皇帝権が結合した。九六七年に皇帝となったオットー二世は、アルプスの北と南、ドイツとイタリアを一つの帝国として統合するために、九八〇年に南イタリアに侵入した。一〇一七年に皇帝になったハインリヒ三世は、教皇の要請を受けて、南イタリアで勢力を拡大していたノルマン人の制圧に乗り出したが、成功しなかった。一〇二七年に皇帝となったコンラート二世は南イタリアに侵攻し、ランゴバルド族の領主に宗主権を認めさせた。

南イタリアに現れたノルマン人

　スカンディナヴィア半島南部に住んでいたノルマン人は、フランク王国に侵入してノルマンディー公国を、イングランドを征服してノルマン朝を建てていた。ノルマン人の一部は、ランゴバルド族、ビザンツ帝国などの勢力が群雄割拠し、対立・抗争を続けていた混乱の南イタリアに現れた。

　その頃、南イタリアにはランゴバルド族が支配するベネヴェント、カープア、サレルノの公国が存在し、プーリアやカラーブリアではビザンツ帝国が勢力を保持していた。ガエータ、ナポリ、アマルフィといった自治的な海洋都市も存在していた。シチリア島を支配するようになったムスリムは、南イタリアの沿岸都市を襲撃していた。

　ノルマン人は、勇猛果敢な傭兵として活躍し、地方の豪族との婚姻関係を通じて、一一世紀後半、南イタリアで社会的・政治的地位を築いた。ノルマンディーのアルタヴィッラ家（オートヴィル家）の長子である鉄腕グリエルモは、南イタリアのビザンツ支配地に軍を進めて、メルフィを拠点に、プーリアとカラーブリアの大部分を占領した。グリエルモを継いで、ノルマン人の指揮をとったのが弟のイル・グイスカルド（狡猾な人）と呼ばれたロベルトである。かれは、南イタリアからビザンツ勢力を追放し、教皇ニコラウス二世から「プーリアとカラーブリアの王にして、将来のシチリア王」として、封土を与えられた。「将来のシチリア王」の称号は、シチリア島を支配するムスリムを追放した暁に、シチリア王位が授与されることを意味していた。

アルタヴィッラ家の一番下の弟ルッジェーロは、兄のロベルト・イル・グイスカルドとともに、一〇七二年にムスリムの支配するパレルモを陥落させ、一〇九一年にシチリア島を完全に支配した。

教皇ウルバヌス二世は、シチリア島をムスリムからキリスト教世界に取り戻した功績として、一〇九八年にルッジェーロにシチリア島の「教皇代理権」Legatus Apostolicus を付与した。「教皇代理権」とは、シチリア王国における司教の任命権、教会収益の徴取権などを国王に与えるものである。それは、阪上眞千子が指摘するように、他の西ヨーロッパ諸国の王権とは異なるシチリア王権の特異性であった。「教皇代理権」は、文字通り教皇の代理として、ノルマン王権の重要な柱であったが、フリードリヒ二世まで続く、教会との対立と抗争の根源となった。

シチリア王国の成立

ルッジェーロの後を継いだ息子ルッジェーロ二世は、南イタリアで生まれたノルマン人の第二世代である。かれは、ロベルト・イル・グイスカルドの後継者が亡くなると、その相続権を奪った。その後継者が遺言にみずからの領地を教皇の所有地とすることを記していたことから、教皇ホノリウス二世はルッジェーロ二世を教皇領の簒奪者として破門にした。しかし、教皇ホノリウス二世はルッジェーロ二世への攻撃に失敗して、一一二八年八月にかれをプーリア公として認めた。

教皇ホノリウス二世が一一三〇年に亡くなると、教皇インノケンティウス二世と対立教皇アナクレトゥス二世が並立する教会の分裂（シスマ）が起こった。対立教皇とは、教皇選出会議のコンクラーヴェで選出された教皇に異を唱える別の教皇のことで、ローマ教会内部の権力闘争である。

対立教皇アナクレトゥス二世はルッジェーロ二世に助けを求めた。その見返りとして、ルッジェーロ二世は、南イタリアの支配とシチリア島の王位を、対立教皇アナクレトゥス二世に認めさせた。一一三〇年のクリスマス、ルッジェーロ二世は、パレルモ大聖堂でシチリア王として戴冠し、ノルマン朝シチリア王国が成立した。ギリシア人から教育を受けたルッジェーロ二世は、ビザンツ皇帝と同じく、神との直接的な関係を強調した。それは孫のフリードリヒ二世に受けつがれる。

叙任権闘争下のドイツ

南イタリアでノルマン人が勢力を拡大した時期、ドイツでは教皇と国王の叙任権闘争が続いていた。叙任権闘争とは、神聖ローマ皇帝が有していたローマ教会の大司教・司教・修道院長などの高位聖職者の任命権を、教皇のレオ九世やグレゴリウス七世らが教会の手に取り戻そうとした一一世紀から一二世紀に展開された教皇と皇帝の戦いである。

叙任権闘争として知られるのは、教皇グレゴリウス七世が世俗権力による聖職叙任権を否定すると、それに反発したハインリヒ四世を破門としたことで起こった「カノッサの屈辱」事件である。ハインリヒ四世は、教皇グレゴリウス七世が滞在する中部イタリアのマティルデ女伯の居城であるカノッサ城を訪れ、一〇七七年一月、雪の降るなかを三日三晩、裸足で断食をして、破門の解除を乞うた。

教皇グレゴリウス七世に謝罪したハインリヒ四世は破門を解かれたが、叙任権をめぐる教皇と皇帝の対立は、皇帝がドイツ以外での叙任権の放棄を受け入れたヴォルムス協約（一一二二年）まで続いた。皇帝が教皇の聖職叙任権を認めたことで、叙任権闘争は終わり、皇帝と教皇が並び立つヨーロッパの政治体制が成立した。

神聖ローマ帝国のシチリア王国への介入

シチリア王国が成立して三年後の一一三三年、教皇インノケンティウス二世はロタール三世を皇帝として戴冠し、その見返りに対立教皇アナクレトゥス二世討伐を命じた。南イタリアを帝国の一部とみなしていたロタール三世は、ヴェネツィアとピーサの艦隊の支援を受けて、対立教皇アナクレトゥス二世を排除するために、一一三六年に南イタリアに軍事遠征をおこなった。

ロタール三世は対立教皇を支持するルッジェーロ二世を追い込み、サレルノを占領した。ところが、一一三七年一二月にロタール三世が、翌三八年には対立教皇アナクレトゥス二世が続けて亡くなった。それでも、教皇インノケンティウス二世は、対立教皇を支持する敵対者であるシチリア王ルッジェーロ二世への攻撃をやめなかった。

しかし、一一三九年七月、教皇勢力はルッジェーロ二世に手痛い敗北を喫し、教皇自身が捕虜となった。教皇インノケンティウス二世は、「教皇代理権」を与えるとともに、ルッジェーロ二世をシチリア王国の王と認めた。それは、九年前に対立教皇アナクレトゥス二世がルッジェーロ二世に認めたものを再承認したものであった。

だが、教皇インノケンティウス二世に続く教皇ケレスティヌス二世は、ルッジェーロ二世をシチリア王と認めることを拒否し、「教皇代理権」の承認は教皇が捕虜となっていたときにおこなわれたもので、無効と主張した。教皇は、シチリア王国を教会の封土として、ルッジェーロ二世を服従させようとした。

「赤髭王」の戴冠

シチリア王ルッジェーロ二世は一一五四年に亡くなった。その翌五五年に、シュタウフェン家の「赤髭王」が教皇ハドリアヌス四世から皇帝として戴冠された。中世騎士の理想像とされる「赤髭王」は、神が皇帝権と教皇権の二つの権力を創られ、その二つがそれぞれの課題を果たすという、帝国と教会の二重の概念を基本的に否定していた。「赤髭王」は、皇帝権の保持者を古代ローマ皇帝の継承者として、神から与えられた地位にある皇帝は教会よりも上位にあると考えた。「赤髭王」は古代ローマの皇帝と神聖ローマ帝国皇帝の連続性を強く意識していた。

「赤髭王」の政治目的はイタリアにおける神聖ローマ帝国の強化と拡大にあった。その意思は、それまでの皇帝よりはるかに明確で、強固なものであった。「赤髭王」はイタリア政策において三つの明確な目標をもっていた。第一は、北イタリアの都市が行使している裁判権・徴税権・貨幣鋳造権などの皇帝の特権、レガリアを取り戻すことである。第二は、帝国に属するシチリア王国を服従させることである。第三は、皇帝権の教皇権に対する優位を確立することである。

シチリア王国では、ルッジェーロ二世が亡くなると、南イタリアでノルマン人支配に対する領主の反乱が起こった。かれらはローマで戴冠したばかりの「赤髭王」に期待を託した。しかし、そのとき、「赤髭王」はシチリア王国に軍を進めることなく、ドイツに引き返し、ルッジェーロ二世の後継者グリエルモ一世と戦わなかった。反乱をおこした南イタリアの領主は、プーリア沿岸に艦隊を率いて現れたビザンツ帝国のマヌエル一世コムネノスに支援を求めた。ビザンツ軍は、反乱勢力とともに、瞬く間にプーリア全土を支配下においた。

しかし、シチリア王グリエルモ一世は、一一五六年にビザンツ軍を撃退し、反乱に加わった領主を厳しく処罰した。続いて、グリエルモ一世は、自分をシチリア王として認めない教皇ハドリアヌス四世に抗議して教皇領に侵入した。これに対して、教皇ハドリアヌス四世はビザンツ軍や南イタリアの反ノルマン勢力とともに反撃し、プーリアを占領した。

再承認された「教皇代理権」

教皇ハドリアヌス四世は、勢力を拡大するシチリア王国から「教皇代理権」を取り上げようとしたが、弱体と侮っていたグリエルモ一世にブリンディジで敗北し、「教皇代理権」を再承認することになった。これがベネヴェントの和約である。

ベネヴェントの和約が締結された一一五六年夏、「赤髭王」と教皇ハドリアヌス四世の間に緊張が走った。「赤髭王」は、ロンバルディーアの諸都市で失った皇帝の権利を取り戻そうと北イタリアに軍をすすめ、教会と対立するようになる。一一五九年に教皇ハドリアヌス四世が死去すると、またもシスマが一八年にわたって続いた。教皇アレクサンデル三世と対立教皇ウィクトル四世が教皇の座を争った。「赤髭王」は対立教皇ウィクトル四世を支持し、教皇アレクサンデル三世から一一六〇年に破門された。

「赤髭王」は、イタリア王国において住民の自治共同体である都市、コムーネが力を持つようになり、皇帝権が侵食されていたので、皇帝権を回復しようと、六回のイタリア遠征をおこない、あわせて一四年近くイタリアに滞在している。

北イタリアの諸都市は、「赤髭王」の攻撃に対抗してロンバルディーア都市同盟を結成して、抗戦した。この都市同盟は、佐藤眞典によれば、ドイツ・ハンザの経済的同盟と比較して、帝国支配に対抗する政治的な同盟であった。

「赤髭王」は、帝国支配に抵抗するミラノを一一六二年に攻撃し、徹底的に破壊した上で、行政執行官・司法長官・軍事指揮官を兼ねるポデスタを任命し、コムーネを支配した。ミラノは「赤髭王」に敗北したが、都市の反抗は続いた。

ところが「赤髭王」率いる皇帝軍は、一一七六年五月二九日、ロンバルディーア都市同盟にレニャーノの戦いで大敗した。翌七七年五月、教皇アレクサンデル三世主導によって、ロンバルディーア都市同盟と皇帝の講和会議がヴェネツィアでおこなわれ、帝国とロンバルディーア都市同盟との六年間の休戦が締結された。シチリア王国のグリエルモ二世は、教皇アレクサンデル三世に迫られたことや、「赤髭王」が南イタリアで反乱を画策していたこともあり、ヴェネツィアの講和会議にシチリア王国の代表を出席させていた。

13世紀の教皇領

「赤髭王」は、ヴェネツィアの平和協定が締結されると、教皇アレクサンデル三世を正式の教皇として認め、征服していた「マティルデの遺産」を返還し、和解した。「マティルデの遺産」とは、叙任権闘争における教皇側の有力者であったトスカーナ辺境女伯マティルデが所有していた中部イタリアに点在する広大な遺領のことである。「赤髭王」が教皇と仲直りしたことで、教皇領は、トスカーナ北部、エミーリア、ロマーニャ（ルッカ、モーデナ、マントヴァをふくむ）、スポレート公国、サルデーニャ島、コルシカ島の広大な領域となった。

ちなみに、教皇領の起源は、教皇ステファヌス二世から国王として塗油されたフランク王国のピピンが、七五六年にランゴバルド王国に占領されていたラヴェンナを征服し、それを寄進したこととされる。その後、教皇領は、皇帝や貴族の寄進によって、中部イタリアに拡大した。しかし、霊的権威とともに世俗的権威も保持していた教皇領は、ランケによれば、宗教的理念の発展ではなく、一個の国家として、争いや戦いにより得たものであった。

皇帝と教皇、帝国と教会は中世ヨーロッパの二つの最高の権威であったが、皇帝に戴冠する教皇の権威が勝っており、教皇の同意しない皇帝は存在しなかった。教皇の最大の武器は軍事力ではなく、皇帝の戴冠、破門や廃位などを通じて世俗の君主にたいする影響力をもつ霊的権威であった。

一一八三年六月に締結されたコンスタンツの和約によって、「赤髭王」はロンバルディーアの都市に広範な自治と都市同盟を、ロンバルディーア都市同盟側は皇帝の宗主権をそれぞれ認めた。イタリア政策の根本的な変更を余儀なくされた「赤髭王」は、おそらくヴェネツィアの講和会議の際に、シチリア王国との姻戚関係にかかわる手掛かりをつかんだのであろう。「赤髭王」はそれまでの皇帝と同様に、シチリア王国を帝国に属する領地として認識していた。ただ、北イタリアの都市や教皇アレクサンデル三世との衝突と対立があったことで、「赤髭王」はシチリア王国に対する軍事行動に踏み切ることができなかった。そこで、「赤髭王」は、息子のハインリヒ六世とノルマン朝のコスタンツァを結婚させ、婚姻関係によるシチリア王国支配を目論んだ。

シチリア王国では、一一六六年に亡くなったグリエルモ一世の王位を継いで、若いグリエルモ二世がシチリア王となっていた。グリエルモ二世は、ヴェネツィアの講和会議の後、衰退を続けていたビザンツ帝国に対する攻撃の意志を強めていた。というのも、ノルマン朝の古くからの方針であるビザンツ帝国への勢力拡大に有利な状況が生まれていたからである。ビザンツ帝国の皇帝マヌエル一世コムネノスの死後、幼少のアレクシオス二世が王位を継いだが、摂政の母マリアをアンドロニコスが殺害して、実権を掌握していた。ビザンツ帝国内部では権力争いが続き、その弱体を露呈していた。

グリエルモ二世は一一八五年にビザンツ帝国への攻撃を開始し、陸と海で勝利をおさめたが、コンスタンティノープルの征服を目前にして、ビザンツ軍に敗北した。ビザンツ帝国征服の夢は消えたが、かれは東地中海の制圧を追求し続けた。

グリエルモ二世はこの計画の実現のために、また「赤髭王」からの脅威を除去し、シチリア王国の安定をはかるために、シュタウフェン家の要求を受け入れることになる。「赤髭王」も、息子の一人とビザンツ皇帝マヌエル一世の王女との結婚が遅々として進まなかったので、シチリア王国に交渉先を変えた。

「赤髭王」は、危機に陥っていたビザンツ帝国に対する攻撃と、シチリア王国との縁組を、一一八四年にかけてグリエルモ二世に提案したと考えられる。グリエルモ二世と「赤髭王」の利害は一致し、「赤髭王」の息子ハインリヒ六世とコスタンツァの婚約が発表された。ちなみに、グリエルモ二世は、イングランド王リチャード一世の妹ジョーンと結婚していたが、後継者がいなかった。

ハインリヒ六世の戴冠

シュヴァーベン公であったハインリヒ六世は、結婚式の直後、「赤髭王」が十字軍を率いてパレスティナに出発したことで、ドイツ王の摂政となっていた。ハインリヒ六世とコスタンツァの結婚から三年後の一一八九年一一月一八日、グリエルモ二世が三六歳の若さで、世継ぎを残すことなく死去した。翌九〇年六月、「赤髭王」は十字軍遠征中にキリキアのサレフ川で溺死し、ハインリヒ六世はドイツ王となった。ハインリヒ六世は皇帝の戴冠を受けるためにローマに向かい、九一年四月一五日、即位したばかりの教皇ケレスティヌス三世から皇帝として戴冠された。

戴冠の直後に、ハインリヒ六世は、コスタンツァの相続権としてではなく、シチリア王国に対する帝国の古くからの権利を明らかにした。教皇ケレスティヌス三世は、ハインリヒ六世が帝国にシチリア王国を統合し、イタリアを支配する意志のあることを知り、かれのシチリア王を絶対に認めなかった。

皇帝戴冠をすませたハインリヒ六世は、皇妃コスタンツァとともに、シチリア王国に向けて軍をすすめ、一一九一年四月にナポリに到着した。ところが、ナポリの抵抗は激しく、戦いが膠着状態に陥っていたときに、疫病が広まった。ハインリヒ六世も疫病にかかり、進軍を中止して、やむなくドイツに戻った。

このとき、皇妃コスタンツァはサレルノに残された。サレルノには、コスタンツァと同じくノルマンの血を引く、タンクレーディがいた。タンクレーディは騎士道精神に則り、コスタンツァをドイツ国境まで送り届けた。

II

「子ども王」の時代

テントのなかでの誕生

ハインリヒ六世は、捲土重来《けんどちょうらい》を期して、一一九四年五月、軍隊を率いてコスタンツァとともに、ドイツのトリフェルス城を出発し、シチリア王国に向かった。ミラノで聖霊降臨祭を祝った後、ハインリヒ六世はコスタンツァと分かれ、ジェノヴァに行き、海路でピーサまで南下し、そこから陸路をシチリア王国に入った。ノルマン朝のタンクレーディはすでに亡くなっていたこともあり、戦いを交えることなく南イタリアとシチリア島を占領することができた。

身籠っていたコスタンツァは、夫とは異なる、危険の少ない陸路の行程をとった。彼女は、アペニン山脈の東側の道を通って、アドリア海岸沿いに南に下り、アンコーナ辺境伯領の小邑イェージに着いた。コスタンツァが出産のためにイェージを選んだのは、ハインリヒ六世も滞在したことがある、帝国領であったからであろう。

一一九四年一二月二六日、フリードリヒ二世がイェージで生まれた。フリードリヒ二世は誕生からして異例であった。「皺だらけの老女」であったと年代記に記されたコスタンツァが妊娠したのは結婚から九年目、四〇歳で、初産であった。そのことから、当時にあっては超高齢のコスタンツァの懐妊を疑う声があった。それを打ち消すために、コスタンツァはイェージの広場にテントを張らせ、そのなかでフリードリヒ二世を出産した。

フリードリヒ二世誕生にまつわる噂話は、かれの伝説や神話とも関連して、広く流布した。フリードリヒ二世の誕生がクリスマスの翌日であること、生まれた土地がジェスJesusと似たイェージJesiであったことから、中世社会で神話となる条件を備えていた。

年代記作者サリムベーネは、コスタンツァが高齢出産であったことから、イェージで生まれた肉屋の子どもを自分の子どもにした、と記している。また、ベネディクト派の修道院長アルベルト・ディ・スターデは次のように述べている。夫ハインリヒ六世は、コスタンツァが世継ぎに恵まれなかったことで、医者に相談した。医者は、薬を使ってコスタンツァの子宮を膨らませ、妊娠しているようにみせかけ、別の女性が生んだ子どもを、ハインリヒ六世とコスタンツァの正統な王子とした。それには尾ひれがついて、生まれた子どもはコスタンツァを治療した医者の子、あるいは粉屋の子といった噂が広まった。

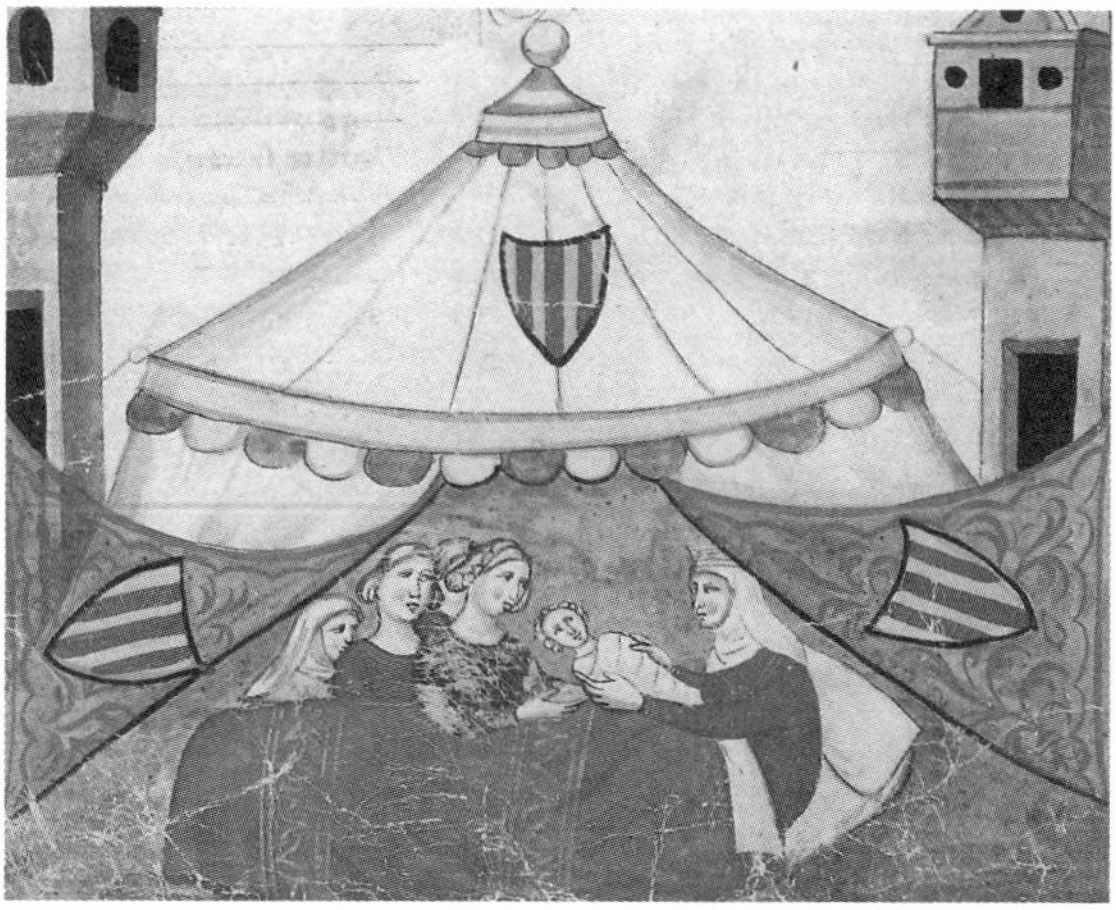
テントの中で誕生したフリードリヒ２世

コスタンツァが世継ぎのフリードリヒ二世を出産した前日の一二月二五日、夫ハインリヒ六世はパレルモ大聖堂でシチリア王として戴冠していた。ハインリヒ六世は世継ぎが誕生したことを知らされると、一一九五年一月二〇日、友人であるルーアンの大司教に宛てて、シチリアへの軍事遠征の成功とともに、息子の誕生の喜びを伝えている。

フリードリヒ二世は、洗礼式で名前が付けられるまで、コスタンティーノと呼ばれていたらしい。母コスタンツァが自分の愛しい息子にコスタンティーノと名付けたという説もある。しかし、コスタンティーノという命名を裏付ける史料がない。コスタンティーノ説は、時期が遅れて一三世紀中葉ごろに流布したもので、フリードリヒ二世の神話化の過程でつくられたものであろう。

フリードリヒ二世の洗礼式は、誕生から二年近く遅れて、一一九六年一一月半ばに、ローマから三〇キロのところにある古代ローマ皇帝の保養地であったティヴォリでおこなわれた。フリードリヒ二世の洗礼式が遅れたのは、ハインリヒ六世がシチリア王として承認を得るために教皇と駆け引きをしていたからである。洗礼式で、アルタヴィッラ家とシュタウフェン家の祖父の名前をとって、ルッジェーロ・フリードリヒ Rogerius Fridericus となった。ただ、残された公文書では、アルタヴィッラ家の Rogerius は欠落し、シュタウフェン家の Fridericus だけになっている。

後日談であるが、公文書に Fridericus ではなく Fredericus と間違って記した宮廷の書記の指が切り落とされたという。フリードリヒ二世の一歳から五歳までの史料がないので、この話もフリードリヒ二世の神話の一つかもしれない。

乳母に預けられたフリードリヒ二世

コスタンツァは、三ヵ月足らずの乳飲み子フリードリヒ二世を乳母に託して、一一九五年春に夫が待つシチリア島に向かった。乳母はシュタウフェン家に仕えるドイツ人貴族でスポレート公に任命されていたコンラート・フォン・ウルスリンゲン公の妻である。公爵夫人の名前も素性も分からない。コンラート・フォン・ウルスリンゲン公には一一八五年生まれのライナルドと一一九〇年生まれのベルトルドの二人の子どもがいた。かれらはフリードリヒ二世と乳兄弟で、のちにかれに仕えることになる。

フリードリヒ二世は、アッシジとスポレートの中間に位置するフォリーニョにあるスポレート公邸で三歳まで育った。かれが最初に発した言葉が、イタリア語であったか、ドイツ語であったか、分からない。王室では子どもを乳母に託すことは決してめずらしいことではないが、なぜコスタンツァは待望の世継ぎフリードリヒ二世を

フリードリヒ２世を乳母に預けるコスタンツァ

スポレート公爵夫人に預けたのか。

　それは、ハインリヒ六世が、忠実なドイツ人の家臣であるスポレート公コンラート・フォン・ウルスリンゲンを信頼していたからであろう。問題はスポレートという土地である。スポレート公国はローマ教会と帝国の歴史的な係争地であった。ハインリヒ六世は、北イタリアとシチリア王国の中間に位置し、地政学的に重要であったスポレート公国の支配のためにコンラート・フォン・ウルスリンゲンを配置していた。ハインリヒ六世は、将来の帝国とローマ教会の関係を見越して、当時は教皇領に属していたフォリーニョに住むスポレート公にフリードリヒ二世を託し、教皇から直々にアッシジで世継ぎの洗礼の塗油をおこなってもらおうと考えていたと指摘する研究者もいる。

　コスタンツァも、夫の計画に同意し、フリードリヒ二世をスポレート公爵夫人に三歳まで預けた。ただ、ハインリヒ六世の思い通りにはことは運ばず、教皇によるフリードリヒ二世の洗礼式は実現しなかった。

ノルマン王国の終焉

　アルタヴィッラ家のノルマン王朝の終焉について述べておこう。グリエルモ二世が亡くなると、ハインリヒ六世の王位継承が決まっていたが、ノルマン朝の家臣のなかにはドイツ人ではなくシチリア人の王を望むものがいた。パレルモの宮廷では、コスタンツァとハインリヒ六世の結婚を推し進めたパレルモ大司教グアルティエーロ・ディ・パリアーラとノルマン王朝の後継者を推す尚書副長官マッテーオ・ダイエッロの対立が激しくなった。

教皇クレメンス三世もハインリヒ六世のシチリア王位継承に反対した。教会関係者の一人はドイツ人を「残虐に襲いかかり、平穏な町を震撼させ、強奪、強姦《ごうかん》、殺戮《さつりく》」をおこなう「野蛮人」と呼んだが、それはノルマン王朝を支えた人々の反ドイツ感情を示すものであった。

ドイツ人の支配を嫌い、帝国へのシチリア王国の併合を恐れるノルマン王朝を支持する勢力は、ルッジェーロ二世の庶子アプーリア公ルッジェーロの子、レッチェ伯タンクレーディを後継者として担いだ。ハインリヒ六世がシチリア王を兼ねることで、帝国のイタリア支配、ひいてはローマ教会が皇帝に従属させられることに脅威を感じていた教皇クレメンス三世は、タンクレーディをシチリア王と正式に認めた。タンクレーディは、一一九〇年一月にパレルモでシチリア王として戴冠した。

タンクレーディは、シチリア王に即位してから三年目、一一九四年二月、ハインリヒ六世がシチリアに到着する前に亡くなった。幼いグリエルモ三世がシチリア王となり、王妃シビッラが摂政となった。シチリア島に到着したハインリヒ六世は、グリエルモ三世と未亡人シビッラの恭順を受け入れ、グリエルモ三世をレッチェ伯に封じることを約束したが、それは遵守されなかった。

ハインリヒ六世は幼いグリエルモ三世の目をえぐりだし、去勢し、最後に殺し、遺体が腐るまで牢獄に放置した。王妃シビッラと二人の娘はドイツの牢獄に閉じ込めた。ハインリヒ六世は、ノルマン朝のシチリア王を望む貴族の一人に、赤く焼けた鉄の王冠を頭にのせたという。ハインリヒ六世のノルマン王家に対する仕打ちは、同時代人に「ドイツの激情」と形容されたほど、情け容赦のないものであった。それはサディズム的で、きわめて陰惨なものであった。亡くなっていたタンクレーディも平穏ではなかった。墓が掘り返され、遺体を取りだされ、公共の場で焼かれた。

コスタンツァは、前述したように、ハインリヒ六世がローマでの戴冠式直後にシチリア王国に軍を進めたとき、一人だけサレルノに残された。彼女をドイツまで送り届けたのはタンクレーディであった。その恩義もあって、ノルマン朝の血を引くコスタンツァとしては、夫ハインリヒ六世のノルマン朝に対する仕打ちには心穏やかではなかったであろう。

ハインリヒ六世は、残存するノルマン朝支持者の謀反を鎮圧し、タンクレーディの血を完全に断ち切り、できるだけ早くシチリア王国の支配を確立し、次なる目標に向けて行動を開始したかったのであろう。次なる目標とは、北イタリアの諸都市を攻略して皇帝権を確実なものとし、イタリア半島の中間に位置する教皇領を南と北から包囲し、教皇に圧力をかけることであった。それは教皇権に対する皇帝権の優位を意味していた。この方針は、「赤髭王」だけでなく、ハインリヒ六世、そしてフリードリヒ二世と続くシュタウフェン家の皇帝が目指したものであった。

帝国へのシチリア王国の統合

ノルマン王朝に誇りを持つ、気丈なコスタンツァと、シュタウフェン家の帝国政策を優先し、シチリア王国を手段化するハインリヒ六世の間には軋轢《あつれき》が生じていた。ハインリヒ六世は父「赤髭王」の遺志を継承して、帝国領の北イタリアの諸都市を制圧し、神聖ローマ帝国にシチリア王国を統合しようと考えていた。

「帝国へのシチリア王国の統合」unio regni ad imperium は、シュタウフェン家のイタリア政策の根幹をなすものである。それは、シュタウフェン家の皇帝がシチリア王国を帝国に統合し、ローマ教会と帝国の政治的均衡の変更を目指したもので、教皇とフリードリヒ二世の主要な対立点でもあった。ただ、確認しておかねばならないことは、「帝国への王国の統合」は、シチリア王国を神聖ローマ帝国に吸収・合併するということではなく、シチリア王国は残しながら、帝国との連携を強化して、イタリア半島を統一的に支配することであった。

ハインリヒ六世が教皇の恐れる帝国へのシチリア王国の統合を推進しようとしたのに対して、コスタンツァはそれに大きな関心を示していない。コスタンツァはシチリア王国が帝国に吸収されてしまうことを恐れ、フリードリヒ二世をシチリア王にして、ノルマン王朝を復興させることを考えていた。

ドイツ王への最初の選出

ハインリヒ六世は、一一九五年四月に南イタリアのバーリで王室会議を開催し、コスタンツァを摂政として、ドイツに向かった。ハインリヒ六世は、途中でフォリーニョに寄り、息子と初めて対面したと思われるが、そのことを示す史料はない。ハインリヒ六世がフォリーニョの近くにいたことは確かである。

この時期のアッシジを含むスポレート公国の周辺地域について、キアーラ・フルゴーニは『アッシジのフランチェスコ——ひとりの人間の生涯』で、次のように述べている。「ホーエンシュタウフェン朝の皇帝、生まれつつあったイタリアの自治都市群、そして教皇が互いに対立していた。教皇インノケンティウス三世以降、教皇は教会の領土とその自由を回復するため精力的に政策を展開し始めたのだった」。

ハインリヒ六世は約一年近くドイツに滞在し、二つの案件を片付けようとした。一つ目は、教皇ケレスティヌス三世が強く望む十字軍の組織化であった。ハインリヒ六世は、十字軍の徴募をおこない、資金や船の調達に関する勅令を出している。第一の案件は順調に進んだ。

問題は二つ目の案件であった。ドイツ王は、聖職諸侯（司教・修道院長）と世俗諸侯（公爵・辺境伯・伯爵）によって選出されていた。ハインリヒ六世は世俗諸侯に財産の世襲を、聖職諸侯に後継者を選ぶ自由を与えたことで、一一九六年末のフランクフルトの諸侯会議で、二歳の息子フリードリヒ二世が「ローマ人の王」、すなわちドイツ王に選出された。「ローマ人の王」の称号は、カエサル（皇帝）の権利の象徴として、都市ローマと皇帝の王冠の優位という、神聖ローマ帝国の伝統的な願望を表すものであった。ちなみに、神聖ローマ帝国皇帝の支配地は、ドイツだけでなく、ブルゴーニュ王国、イタリア王国も含まれていた。

ハインリヒ六世は、シュタウフェン家によるドイツの継続的支配を確実なものとするために、シチリア王位と同じように、ドイツ王位を選挙制から世襲制へ変更することを目論んでいたが、それは成功しなかった。

ハインリヒ六世の死

ハインリヒ六世が不在の間、摂政のコスタンツァは、一一九五年一〇月に教皇ケレスティヌス三世宛に書簡を送っている。それは、教皇ウルバヌス二世が一〇九八年にシチリア王のルッジェーロに与えた「教皇代理権」を無視して、ハインリヒ六世に敵対する者をパレルモの修道院長に任命したことへの抗議であった。ドイツから戻ったハインリヒ六世は、一一九六年の秋、ローマ近郊に数週間滞在し、教皇と会っている。おそらく、皇妃で摂政のコスタンツァによる「教皇代理権」にかかわる抗議も影響したのであろうが、ハインリヒ六世は、このときも教皇ケレスティヌス三世からシチリア王として承認されなかった。

ハインリヒ六世は、そのとき、フォリーニョを訪れ、息子に対面しているようである。ハインリヒ六世は、教皇ケレスティヌス三世による息子の洗礼式と塗油を強く望んでいたが、それも実現しなかった。前述したように、息子の洗礼式は、父ハインリヒ六世も母コスタンツァも欠席のまま、一一九六年一一月半ばに、ティヴォリで一五名の枢機卿が出席しておこなわれた。

シチリア島に戻ったハインリヒ六世が十字軍遠征の準備を開始していた。一一九七年四月末、シチリア島のメッシーナから六〇キロのところにあるパッティで、ノルマン朝を支持する勢力がハインリヒ六世支配に反乱を起こした。ハインリヒ六世は、十字軍遠征のために集結していたドイツ人騎士を派遣して、反乱を鎮圧し、謀反人を反逆罪で処罰した。ドイツ人の年代記には、教皇ケレスティヌス三世は陰謀を承知していて、ハインリヒ六世を憎むコスタンツァが裏で糸を引いていたという記述がある。

謀反を鎮圧したハインリヒ六世は狩りに出かけたが、途中で赤痢にかかり、一一九七年九月二八日にメッシーナで三二歳の若さで亡くなった。シチリア王になって三年目のことである。ハインリヒ六世の死が公表されると、ドイツ人に怨念を抱いていたコスタンツァが毒を盛ったという噂が流れた。パレルモにいたコスタンツァはメッシーナに駆けつけ、夫の最期をみとっている。ハインリヒ六世が準備し、出発を間近に控えていた十字軍は立ち消えとなった。

皇妃コスタンツァの行動

コスタンツァは夫で皇帝のハインリヒ六世の遺体をパレルモに運び、大聖堂で葬儀をおこない、皇妃の義務を果たした。それを終えるや否や、コスタンツァは、フリードリヒ二世の「母親」になった。コスタンツァは、幼い世継ぎのフリードリヒ二世がドイツの後継者争いに巻き込まれる危険を直感し、ただちに忠臣の部下に命じて、かれをフォリーニョからシチリア島に連れてこさせた。彼女はメッシーナまで出向き、フリードリヒ二世を迎えて、パレルモに連れ戻った。

ハインリヒ六世の弟フィリップは、ドイツ王となっていたフリードリヒ二世を、アーヘンで戴冠させるために、スポレートの近くに滞在していた。ハインリヒ六世が亡くなったことを知ったフィリップは、兄の死を弔うことなく、甥のフリードリヒ二世を残して、反乱の恐れがあるドイツに舞い戻った。

フリードリヒ二世を手元に引き取ったコスタンツァは、ノルマン時代から続く王室会議の側近団、ファミリアーレス・レギスを頼りに、シチリア王国の統治を開始した。ノルマン時代から存在したファミリアーレス・レギスを、高山博はシチリア王国の重要課題を決定する「王国最高顧問団」と訳している。本書ではファミリアーレス・レギスが王室会議のなかの「側近からなるファミリア」であることから、カントーロヴィチの『皇帝フリードリヒ二世』の訳語である「側近団」を使用する。

コスタンツァは、シチリア王国にとって二つの喫緊の問題を解決した。第一は、ハインリヒ六世に従ってシチリア王国に来て、要職を得ていたドイツ人のすべてをシチリア王国から放逐したことである。その理由はドイツ人の横暴な振る舞いに対するシチリア人の憎しみと怒りが爆発寸前にあったことへの配慮であった。コスタンツァはハインリヒ六世によって投獄されていたもの、外国に逃れたものを再び要職につけた。貴族やその家族には没収された財産のすべてを返却し、亡くなったものの名誉を回復した。コスタンツァはタンクレーディに仕えた古参の官吏を再び採用している。

コスタンツァの追放措置にもかかわらず、ハインリヒ六世の遺言に従うとして、多くのドイツ人はシチリア王国に留まり、一〇年近くにわたって、シチリアを混乱させることになる。その一人が、ハインリヒ六世にアブルッツォ伯に任命されていたマルクヴァルト・フォン・アンヴァイラーである。かれは、のちに軍を率いてパレルモに侵攻し、幼いフリードリヒ二世を捕縛することになる。

第二の問題は、息子フリードリヒ二世をシチリア王として教皇に認めさせることである。ハインリヒ六世の死から三ヵ月後、一一九八年一月八日、教皇ケレスティヌス三世が九二歳で亡くなった。新しい三七歳の若い教皇インノケンティウス三世は、フリードリヒ二世をシチリア王と認めた。

フリードリヒ二世は、一一九八年五月一七日の精霊降臨の祝日に、パレルモ大聖堂でビザンツ式儀式にもとづき、「シチリア王、プーリア公、カープア侯」という称号で戴冠した。それは初代シチリア王ルッジェーロ二世が戴冠したときの称号と同じであった。

コスタンツァは、フリードリヒ二世がシチリア王として戴冠したときから、「ローマ人の王」の称号を使用しなくなった。その理由は、ヴォルフガング・シュトゥルナーによれば、ハインリヒ六世の弟フィリップがドイツ王への選出の時期にあり、シュタウフェン家の分裂を避ける意志がコスタンツァに働いたと思われる。

コスタンツァの死

みずからの余命を知っていたコスタンツァは、シチリア王となった幼いフリードリヒ二世を守るために、残された力を振り絞って教皇インノケンティウス三世と取引をしている。ハインリヒ六世の死で危機に陥っていたシチリア王国で、コスタンツァが息子フリードリヒ二世を安心して託せるのは教皇しかいなかった。コスタンツァは、教皇インノケンティウス三世の要請に応じて、尚書の地位を利用して王室の公金を流用した廉《かど》で追放していた、教皇に受けの良いグアルティエーロ・ディ・パリアーラを側近団に再度受け入れた。

教皇インノケンティウス三世は、危機に瀕したシチリア王国の足元を見て、シチリア王国の「教皇代理権」の放棄をコスタンツァに強く求めた。コスタンツァは、ベネヴェントの和約で認められていた権利を部分的に教会に返上したが、司教選出に関する権利は保持した。しかし、実質的には、「教皇代理権」はフリードリヒ二世が親政を開始するまでは失われた。

コスタンツァは、皇帝領となっていた中部イタリアのスポレート公国、アンコーナ辺境伯領も教皇に返還しなければならなかった。しかし、「マティルデの遺産」の教皇領への併合は、都市の自治的要求が強く実現しなかった。コスタンツァがシチリア王国をローマ教会の封土と認め、教皇に忠誠を誓うことで、教皇インノケンティウス三世はフリードリヒの後見人となることを受け入れた。

コスタンツァは、教皇との正式の協定書が届く前、一一九八年一一月二七日、四四歳で亡くなった。コスタンツァは遺言を残していた。それには、自分の埋葬場所を夫のハインリヒ六世、父親ルッジェーロ二世が眠るパレルモ大聖堂としていた。フリードリヒ二世の後見人、摂政は教皇インノケンティウス三世として、シチリア王国は教皇に三万タラントを毎年支払うことが記されていた。

コスタンツァが教皇インノケンティウス三世を四歳のフリードリヒ二世の後見人としたのは、シチリア王国を救い、幼い王フリードリヒ二世の身を守る保障のためであった。ただ、このコスタンツァの決定はシュタウフェン家と共有していなかった。シュタウフェン家としては、フリードリヒ二世の後見人と摂政はドイツ人であらねばならなかった。

怒濤の一〇年間

フリードリヒ二世は、父ハインリヒ六世に続いて、母コスタンツァを失い、幼くして天涯孤独の身となった。

フリードリヒ二世は、教皇インノケンティウス三世に委ねられたが、教皇やドイツ人勢力に「糸繰り人形」のように操られ、「玉」を巡る権力闘争に翻弄され続けることになる。フリードリヒ二世の頼るすべもない怒濤のような一〇年間のうち、最初の三年間は教皇インノケンティウス三世がどうにかシチリア王国の統治を保持した。つづく五年間はドイツのフィリップ王が委託したものが、そして最後の二年間は教皇インノケンティウス三世があらたにフリードリヒ二世を保護した。

最初の三年間、幼いフリードリヒ二世の養育とシチリア王国の統治は王室の側近団に委ねられた。側近団にはパレルモ、モンレアーレ、レッジョ・カラーブリアの大司教がいた。その長には、前述の教皇に信頼の厚いグアルティエーロ・ディ・パリアーラがついた。コスタンツァも、フリードリヒ二世を託せる信頼できる人物が身近にいなかったので、亡くなる前に、フリードリヒ二世の教育をグアルティエーロ・ディ・パリアーラに委ねていた。

教皇インノケンティウス三世は、フリードリヒ二世の後見人として、二名の教皇代理をパレルモに派遣した。教皇から全権を委託され、大司教よりも高い地位の教皇代理は、権威も、能力も、意志も欠いていて、与えられた機能を果たせなかった。かれらは、グアルティエーロ・ディ・パリアーラ以外の側近団のメンバーと対立し、ローマに戻ってしまった。

マルクヴァルト・フォン・アンヴァイラーの介入

ドイツ王に選出されたフリードリヒ二世の叔父フィリップは、甥の後見人にハインリヒ六世の家臣であったドイツ人のマルクヴァルト・フォン・アンヴァイラーを任命した。それによって、シチリア王国をめぐるドイツ人と教皇の戦いが始まり、フリードリヒ二世もそれに巻き込まれることになる。

教皇インノケンティウス三世は、シュタウフェン家の代理であるマルクヴァルト・フォン・アンヴァイラーを、暴虐の限りを尽くす、危険な人物で、「第二のサラディン」と見なしていた。マルクヴァルト・フォン・アンヴァイラーは、シチリア王国に残っていたドイツ人傭兵を編制して、一一九九年春、南イタリアのモリーゼ、カンパーニア地方を略奪し、有名な修道院のあるモンテ・カッシーノの地域を占領した。さらに、かれは、一二〇〇年、ジェノヴァ人の協力を得てサレルノを出港し、シチリア島の西に位置するトラーパニに上陸し、シチリア島に残存していたムスリムを味方に引き入れ、パレルモに進軍した。

教皇インノケンティウス三世は軍隊をシチリア島に派遣し、マルクヴァルト・フォン・アンヴァイラー軍との戦いを開始した。教皇インノケンティウス三世は、マルクヴァルト・フォン・アンヴァイラー軍と戦うものに、十字軍兵士と同様の特権を与える勅書を発布している。ドイツ人傭兵を中心とするマルクヴァルト・フォン・アンヴァイラー軍は、一二〇一年一〇月、パレルモを占領した。野蛮で残忍だと見なされていたドイツ人に、パレルモの住民は恐れ慄《おのの》き、王宮の侍従たちは逃げ惑った。

フリードリヒ二世は、パレルモの王宮かルッジェーロ二世の居城の一つであったマーレドルチェ城（ファヴァーラ宮殿）で、グアルティエーロ・ディ・パリアーラの弟ジェンティーレ・ディ・マノペーロに保護されていた。マルクヴァルト・フォン・アンヴァイラー軍がパレルモに侵入すると、フリードリヒ二世はジェンティーレ・ディ・マノペーロに伴われて、パレルモ港に近いカステルマーレ城塞に避難し、家庭教師のグリエルモ・フランチェスコと奥に隠れた。

王宮で働いていた一人が裏切って、城塞に侵入してきたマルクヴァルト・フォン・アンヴァイラー軍にフリードリヒ二世の隠れ場所を教え、「玉」は捕縛された。フリードリヒ二世が七歳のときである。マルクヴァルト・

フォン・アンヴァイラーは、教皇に代わって、幼いフリードリヒ二世の名においてシチリア王国を統治することになる。そのときからフリードリヒ二世の生活は一段と殺伐としたものとなった。

フリードリヒ二世に関する最初の記述

シチリア王フリードリヒ二世の名前は、教皇インノケンティウス三世が送ったコスタンツァの死に対する弔辞や、シチリア王国の寄進状などに見いだせる。しかし、マルクヴァルト・フォン・アンヴァイラーの手に落ちるときまで、フリードリヒ二世に関する史料はまったくない。

フリードリヒ二世に関する最初の記述は、マルクヴァルト・フォン・アンヴァイラー側に捕縛されたときにかれが激しく抵抗したことについて、家庭教師のグリエルモ・フランチェスコの目撃証言をもとに、カープア大司教ライナルド・ディ・チェラーノが教皇インノケンティウス三世に送った報告である。

悪意ある門番に裏切られた、穏やかな小さな王は、宮殿の奥まったところで、命を狙うものに捕まってしまった。年齢による非力と門番の裏切りがあらゆる防衛の可能性を失わせ、野蛮人（ドイツ人）の手に落ちることになる。そのときまで子どもの遊びを楽しんでいたかれは、武器ではなく涙で抵抗した。良き国王であることを示そうとしたが、王にふさわしい勇気を発揮することはできなかった。（中略）かれを捕まえようとするものに飛びかかり、主により塗油されたものを冒瀆しようとする無礼者の手をへし折った。かれは、悔しさのあまり、脱いだマントを引き裂き、とがった爪で自分の柔らかい肌を掻きむしった。

この報告は、七歳のフリードリヒ二世がシチリア王の権威を侵害するものに怒りを爆発させ、王としての毅然とした行動をとり、あたかも頼もしい国王になるであろうことを誇張して、後見人の教皇インノケンティウス三世に伝えているように思われる。

ただ、マルクヴァルト・フォン・アンヴァイラー軍による暴力的な捕縛という恐ろしい経験が、フリードリヒ二世に取り巻きへの不信と怒りを掻き立てると同時に、「君主としての自己意識を強化したという指摘には慎重であるべきである」、とヴォルフガング・シュトゥルナーは述べている。

教皇に担ぎ出されたブリエンヌ・ゴーティエ

教皇インノケンティウス三世は、マルクヴァルト・フォン・アンヴァイラーの打倒のために、フランス人のブリエンヌ・ゴーティエを担ぎ出した。かれは、ドイツ王のフィリップの恩寵《おんちょう》で、母親とともにフランスに移されたタンクレーディの娘アルビリアと結婚していた。ゴーティエは、フリードリヒ二世の保護と引き換えに、ハインリヒ六世がタンクレーディの息子グリエルモ三世に認めたレッチェ伯の権利を要求した。教皇インノケンティウス三世はそれを認めた。

グアルティエーロ・ディ・パリアーラは、ヴォルフガング・シュトゥルナーによれば、「まったく面倒な問題」を惹起するとして、この教皇の措置に抗議した。タンクレーディの一族がシチリア王国に戻って、反シュタウフェン家の勢力の中核となると、フリードリヒ二世の王権にとって、看過できない脅威的な存在になる可能性があったからである。グアルティエーロ・ディ・パリアーラとしては、シチリア王位を狙いかねない、ゴーティエの介入は絶対に認められなかった。

教皇インノケンティウス三世が打った次の手は、アラゴン王ペドロ二世の妹のサンチャとフリードリヒ二世の婚約である。ペドロ二世はフリードリヒ二世を保護するために軍隊を派遣することを教皇に約束した。この婚約は、ゴーティエがシチリア王に就くことはないことを教皇インノケンティウス三世が表明するものであった。しかし、サンチャとの結婚は進展せず、一二〇七年にコンスタンサとフリードリヒ二世の結婚の話が浮上する。これについては後述する。

獰猛な狼たちのなかの一頭の仔羊

マルクヴァルト・フォン・アンヴァイラーは、教皇インノケンティウス三世の存在を無視して、王室の側近団の一員となり、シチリア王国を牛耳ることになる。ところが、マルクヴァルト・フォン・アンヴァイラーは、教皇勢力の強いメッシーナへの攻撃を開始しようとしていた矢先、一二〇二年九月、シチリア王国の実権を握って一年余りで、病気で亡くなった。

かれに代わってシチリア王国の実権を握ったのが、ドイツ人傭兵のグリエルモ・カッパローネである。マルクヴァルト・フォン・アンヴァイラーはフリードリヒ二世の教育に熱心でなかったが、グリエルモ・カッパローネは一二〇六年までパレルモの宮廷でフリードリヒ二世の教育にかかわった。教皇インノケンティウス三世は、この時期のフリードリヒ二世を狼に母親を奪われた仔羊に譬えて、「獰猛な狼たちのなかの一頭の仔羊」と述べている。

グリエルモ・カッパローネは、パレルモに到着した教皇特使と交渉し、教皇を摂政とするシチリア王国を統治することになった。しかし、グリエルモ・カッパローネがシチリアの教会に与えた損害を補償することを拒んだので、合意は決裂した。教皇インノケンティウス三世は、そのときにフリードリヒ二世に謁見した教皇特使から、かれが王宮のなかで保護されている報告を受けている。カントーロヴィチは、グリエルモ・カッパローネに保護されていた一二〇二〜〇六年のフリードリヒ二世について、次のように述べている。

王の財産はひどい管理状態にあったことから、しばしば少年には文字どおり生きていくための必需品さえ欠け、これを憐れんだパレルモ市民はわずかなりとも少年の面倒を見るようになり、あるものは一週間、またあるものは一ヵ月間というように、せめてもの食物を彼に与えたのである。

この少年の明るく光り輝く目はすでに当時から人目を惹き、人々はこの美しい少年を近くから見たいとおそらく思ったことだろう。八歳か九歳になった王はペッレグリーノ山の麓にある半ばアフリカ的な首都の路地の市場や庭園を誰にも監視されることなく歩き回った。そこには驚くほどさまざまな人々や宗教や習俗が相互に混じり合いながら満ち溢れていた。（中略）ノルマン人、イタリア人、サラセン人（ムスリム）、ドイツ人、ユダヤ人、ギリシア人などである。元気を取り戻した少年はこれらの人々の助力を必要とし、彼らとつきあっていくしかなかった。まもなく少年はこれらのすべての人種の言葉を習得し、かれらの習俗を理解することを学んだ。

このカントーロヴィチの記述は、あまりにも逞しく想像力を働かせたものである。この描写は『不可解なシチリアの短い年代記』にもとづいたものである。天涯孤独の少年フリードリヒ二世は、イスラーム世界の趣の残るパレルモの市場と小路を一人で放浪し、窮乏の生活を憐れんだ民衆からの施しを得ていた。その時期に、かれは多様な語学もふくめて人並外れた知識を独学で身につけたと言うのである。これはカントーロヴィチによるフリードリヒ二世の神話創出である。

フリードリヒ二世が少年期を過ごしていたパレルモは、イスラーム支配時代のように、アラブ文化の中心地ではなかった。一二世紀にかけて、ムスリムの支配層はパレルモを離れ、北アフリカやスペインにわたっていた。もし、カントーロヴィチが指摘するように、フリードリヒ二世がパレルモの街を一人で歩き回り、市井の人々の喜捨を得ていたとしたら、ハインリヒ六世の息子というだけでドイツ人を毛嫌いするものに殺されるか、ムスリムに誘拐されたであろう。

あらゆる勢力が幼い王を奪い合っていた時期に、かれが護衛も従えずに、パレルモの街で一人で自由気ままに放浪生活を送っていたということはあり得ない。フリードリヒ二世は王宮のなかで確実に帝王学を学んでいた。カントーロヴィチの創作は現在のフリードリヒ二世研究では完全に否定されているが、そのまま踏襲している書物が、残念ながら、いまだに見られる。

ゴーティエは、一二〇五年六月、南イタリアを支配下に置いていたアチェッラ伯ディーポルト・フォン・シュヴァイシュポイントとの戦いで捕虜となり、獄死した。グアルティエーロ・ディ・パリアーラは、ゴーティエという危険な存在が消えたことで、教皇インノケンティウス三世と仲直りした。主導権を握ったグアルティエーロ・ディ・パリアーラは、成年を迎えるまでの二年間、フリードリヒ二世を側近団の保護下に置いた。

早熟なフリードリヒ二世

一二〇七年頃に書かれたと思われる、一二歳のフリードリヒ二世を知ることができる史料が存在する。著者は不明だが、身近に接したものでなければ書けない内容であり、家庭教師のグリエルモ・フランチェスコが書いたと思われる。

国王の背丈は年齢からして、低くもなく高くもない。体形は頑丈な肉体に逞しい四肢を備えている。決して無為に過ごすことなく、忙しい日々を過ごしている。徳は訓練によって高まったので、あらゆる実践、あらゆる軍事的鍛錬で機敏に肉体を動かすことができた。ときには武器を巧みに扱い、それを身につけている。ことのほか上手に、剣を素早く鞘から抜いて、嘘をつくものを罰する厳しい表情をしている。かれは弓を手にし、矢を放つことを繰り返した。純血種で速く走る馬が気に入っていた。かれを留め、あるいはかれより早く走り出すことができるものはいなかった。このように、日中はいろいろな戦いの訓練をおこない、夜は軍事書を読みながら過ごした。

かれには国王の威厳、国王にふさわしい容貌と風格がともなっていた。落ち着いた顔の美男である。目は生き生きとしている。魅力的で、利発な顔つきである。強烈な精神。まさに英才である。しかし、身なりは普通とは異なり、変わっている。それは、生まれつきではなく、芳しくない人たちと交際していたからである。それでも、王の資質が、より良きものに向かう性質によって、しだいに身につけた適切でないものを改善することができた。

また、諫言に耐えられず、後見人に監督され、あるいは子どもと見なされていることを、王である自分としては恥ずべきことと考えて、自由意思で行動する振る舞いをするようになる。フリードリヒの徳は、年齢にもかかわらず、きわめて早熟であった。かれは、大人になる前に、年を追うごとに知識を広げていた。

「背丈は年齢からして、低くもなく高くもない」、「頑丈な肉体に逞しい四肢」を備えていると、成人となったフリードリヒ二世を彷彿《ほうふつ》とさせる体形と記されている。かれは、昼間は「武器を巧みに扱い」、「剣を素早く鞘から抜いて」、弓を射る訓練も重ね、馬を巧みに操る、中世の騎士としての訓練を日々重ね、夜は軍事書を読み、戦いの方法を学んでいた。フリードリヒ二世は、シチリア王として、ノルマン朝の騎士道に則った武器の使用や乗馬の十分な訓練を受けていたことがわかる。

「芳しくない人たち」とはフリードリヒ二世を護衛していた兵士のことであろう。一二歳の王は、「側近団」が手配した者の小言を聞かず、距離をとった。そのことは、フリードリヒ二世が一二歳にして、自分の価値観にもとづく強い意志力を持っていたことを示している。次々に代わる王宮の支配者に翻弄されたフリードリヒ二世が信じられるのは自分だけと、強い意志力を持つようになり、大人と変わらない善悪の鋭い判断力、人を見抜く洞察力を備え、きわめて早熟であったことをうかがい知ることができる。

帝王学を学ぶ

シチリア王国が無政府状態にあった一〇年間に、祖父ルッジェーロ二世が建てたパレルモの王宮のなかで、フリードリヒ二世が騎士としての鍛錬も重ね、ラテン語などの言語を学び、帝王学を学んでいたのは確実である。ジョヴァンニ・ヴィッラリの年代記には、フリードリヒ二世は、ラテン語のほかに、イタリア語、ドイツ語、フランス語、ギリシア語、アラビア語も話したと記されている。そのことから、フリードリヒ二世は八ヵ国語を自由に操る語学の天才と言われるが、これは創作である。

確実なことは、フリードリヒ二世が最初に習得したと推測される言語が、パレルモで使用されていたラテン語の俗語であろうということだ。かれは五歳から六歳のころにラテン語を学んだと思われる。中世の王として、ラテン語は、キリスト教の教義、教会の儀式の知識と並んで不可欠であった。フリードリヒ二世は家庭教師から初歩的なラテン語教育をうけ、王室にいた聖職者から聖書について知識を得たであろう。

名前を特定できる家庭教師は、修道士のグリエルモ・フランチェスコだけである。かれは、グアルティエーロ・ディ・パリアーラの甥で、ナポリに近いアヴェルサなどに広大な領地をもつ貴族の出身で、七歳のフリードリヒ二世の家庭教師に任命された。グリエルモ・フランチェスコがラテン語とキリスト教の歴史を教えたと考えられる。

フランス語はノルマンの王宮で使用されていたが、フリードリヒ二世の少年時代にもそれが残っていたかはわからない。フランス語を理解できたかどうかも判然としない。アラブ人の年代記作者イブン・サイードは、フリードリヒ二世がムスリムの司法官からアラビア語を学んだと記している。王宮ではアラビア語を話すものが働いていたと考えられる。しかし、そのことで、フリードリヒ二世がアラビア語を習得したとは言えない。また、かれは、ドイツ人のグリエルモ・カッパローネが後見人となったときに、ドイツ語を学んだとしてもおかしくない。ただ、かれがドイツ語を習得するのは、のちにドイツに滞在する八年間（一二一二〜一二二〇）に、ドイツ人の諸侯や聖職者に取り囲まれたときである。

フリードリヒ二世は、教皇を後見人とする期間が終わり、親政を開始するや否や、直ちにシチリア王国の改革や教会との関係にかかわる政策に着手するが、それは王宮で学んでいた帝王学にもとづくものであったことは想像に難くない。

親政を開始したフリードリヒ二世

フリードリヒ二世は一二〇八年一二月二六日に成人年齢一四歳となり、親政を開始し、教皇インノケンティウス三世は後見人から退いた。フリードリヒ二世は、王国が弱体化した責任の一端を、教会の利益を優先し、ときには敵とも手を組んだ後見人である教皇に求めるようになっていた。

親政を開始したフリードリヒ二世の最初の政策が教皇インノケンティウス三世に抗するものであったことからしても、そのことは明らかである。かれはノルマンの王たちの古くからの特権である「教皇代理権」にもとづき、パレルモの大司教の選出に介入した。

フリードリヒ二世は、パレルモ大聖堂の司教座聖堂参事会から出された大司教の候補者を否定して、自分を支持する者を大司教に指名した。これに参事会員が反発し、教皇インノケンティウス三世に直訴した。フリードリヒ二世は自分の指名に反対した参事会員をシチリア王国から追放した。

教皇インノケンティウス三世は、皇妃コスタンツァが教皇と結んだ協定をもとに、フリードリヒ二世の行動を批判した。フリードリヒ二世は、コスタンツァが教会に関する王国の特権を部分的に放棄したのは、教皇の圧力によるもので、効力はなく、それに拘束されないと反論した。教皇インノケンティウス三世は、若いフリードリヒ二世を戒め、そのときは事なきを得たが、この対立は根が深く、真の解決にはほど遠いものであった。

王領の奪回

フリードリヒ二世は一二〇九年二月からシチリア王国の領主たちを震撼《しんかん》させる政策を開始した。父ハインリヒ六世が亡くなった後、王領は伯、バローネだけでなく、ドイツ人貴族からも簒奪されていた。フリードリヒ二世は、シチリア島と南イタリアのカラーブリアにおいて、領主や貴族の諸特権を審査しなおし、不正に簒奪されていた王領を取り戻した。それに異議を唱えて反乱を起こした領主たちとの戦いで頼りにしたのは、それまでフリードリヒ二世を支え、協力してくれた貴族や聖職者であった。

しかし、かれに従う忠実な家臣は一握りで、多くはみずからの利益や考えに適った政策にだけ協力した。伯、バローネ、都市、司教、修道院長は、自分たちの権力を拡大することにしか関心がなかった。多くの貴族は王室と距離を置き、自分たちの領地に住み、王領の多くを簒奪していた。王領の返還に激しく抵抗したジェラーチェ伯、トロペーア伯などは投獄された。

側近団のメンバーも、私腹を肥やし、王領を簒奪していた。フリードリヒ二世はコスタンツァにも仕えたグアルティエーロ・ディ・パリアーラを、貴族階層を支持し、王家の尊厳を損なう人物として側近団から外した。教皇の信頼が厚い司教であったグアルティエーロ・ディ・パリアーラの追放について、教皇インノケンティウス三世はフリードリヒ二世を厳しく批判した。

股肱の臣ベラルド・ディ・カスターニャ

フリードリヒ二世は、ノルマン朝時代の統治機構を強化して、シチリア王国の中央集権的体制を復活させようとした。かれは、国家機構の改革とあわせて、信頼のおける、才能のある人物を王室で採用した。その一人がアブルッツォの貴族の血を引く、バーリ大司教ベラルド・ディ・カスターニャである。かれは、一二一〇年に側近団に加わり、一二一二年には危険に満ちたフリードリヒ二世のドイツ行に同行することになる。のちにパレルモ大司教に任命されたベラルド・ディ・カスターニャは、フリードリヒ二世に忠誠をつくし、生涯にわたってかれを支え、臨終にも立ち会った。

ベラルド・ディ・カスターニャは、フリードリヒ二世の手足となって働く、最も頼りになる股肱《ここう》の臣の一人である。かれのほかに、二人の股肱の臣がいる。それはドイツ騎士団の団長ヘルマン・フォン・ザルツァと、尚書長官のピエール・デッラ・ヴィーニャである。その二人については後述する。

コンスタンサとの結婚

教皇インノケンティウス三世は、フリードリヒ二世がシュタウフェン家が勧める女性と結婚し、ドイツとシチリア王国の関係を強化することに先手を打った。教皇インノケンティウス三世は、一二〇八年初頭、フリードリヒ二世が古代ローマの皇帝たちに見られる徳と能力を備えていることをアラゴン王アルフォンソ二世に伝え、王女コンスタンサとの結婚を促している。教皇インノケンティウス三世は、フリードリヒ二世の摂政期限が終わる直前、一二〇八年夏、コンスタンサとの縁組を整えた。

王妃の名前は、イタリア語のコスタンツァに対応するスペイン語のコンスタンサで、フリードリヒ二世の母と同じであった。フリードリヒ二世の両親と同じく、王妃のコンスタンサの方がフリードリヒ二世よりも一〇歳年長であった。王家の縁組は、世継ぎの男子を産み、王家の発展を確保することであった。コンスタンサは、ハンガリー王イムレ一世に嫁いだが、夫の死去にともなう王位継承の争いでアラゴンに戻っていた。フリードリヒ二世は生涯で三人の皇妃がいるが、そのなかでコンスタンサは、家族愛に飢えたフリードリヒ二世を母親のように支えた。

コンスタンサは、一二〇九年八月一五日、弟のプロヴァンス伯アルフォンスをともなって、輿入れに五〇〇人の騎士を従えて、パレルモに到着した。その嫁資《かし》は、シチリア王国の軍事力を補強し、社会・政治の混乱に終止符を打てる、千金に値するものであった。

フリードリヒ二世は、カストロ・ジョヴァンニ（エンナ）に近いニコシーアで起こった貴族の反乱を鎮圧するためにメッシーナに滞在し、南イタリアのプーリアで領主に簒奪された王領を取り戻すために、イタリア本土に渡ることを計画していた。コンスタンサの到着を知らされたフリードリヒ二世は、ただちにパレルモに戻り、結婚式をおこなった。

アラゴン家の王宮で育ち、ハンガリーの宮廷も経験している年上のコンスタンサは、殺伐とした王宮で孤独のうちに成長したフリードリヒ二世に母親のように接したと思われる。それは、フリードリヒ二世にとって、初めて経験する家族のふれあいであったろう。フリードリヒ二世は、母を慕うようにコンスタンサを信頼し、大切に接している。コンスタンサに同行したのは強健な騎士だけではなかった。カタルーニャ、プロヴァンスの楽器を演奏し、歌い、ダンスを踊る芸人や吟遊詩人もいた。王宮では宴会が開催され、ノルマン時代の華やかさを取り戻すことになる。

フリードリヒ二世は、アラゴンから来た五〇〇人の騎士を引き連れて、南イタリアへ進軍するために、メッシーナに戻るつもりでいた。ところが、アラゴンの騎士たちはパレルモに広がった伝染病に感染してほとんどが亡くなった。そのなかにはプロヴァンス伯アルフォンスもいた。フリードリヒ二世は、南イタリアの制圧に不可欠な軍勢を失った。その窮地につけこんだ謀反が起こったが、フリードリヒ二世は、首謀者のカラーブリア伯を捕らえ、簒奪されていた王領の一部を取り戻した。そのとき、シチリア王国にまったく別のところから危険が迫っていた。教皇インノケンティウス三世から戴冠を受けたばかりの皇帝オットー四世が、フリードリヒ二世を亡き者にしようと、シチリア島に進攻しようとしていた。それはフリードリヒ二世の人生に決定的な転換をもたらすことになる。

ドイツ王となったオットー四世

ここで、ハインリヒ六世が亡くなった後のドイツの政治状況について述べておかねばならない。ドイツは、ハインリヒ六世の死後、ドイツ王の選出をめぐって、政治的混乱に陥っていた。たしかに、ハインリヒ六世の生存中にフリードリヒ二世がドイツ王に選出されていたが、かれは幼少であったことに加えて、シチリアにいたことで、ほとんど忘れられた存在であった。

シュタウフェン家を中心とする皇帝派（ギベリン）のドイツ諸侯は、一一九八年三月八日、ハインリヒ六世の弟で、シュヴァーベン公フィリップをドイツ王に選出した。ヴェルフェン家を中心とする教皇派（グエルフィ）の諸侯は、一一九八年五月九日、オットー四世を対立王に選出した。両派の戦いは一〇年近くつづき、その間は神聖ローマ皇帝は存在しなかった。

教皇インノケンティウス三世は、ドイツ王の選出に介入し、皇帝派のフィリップを破門とし、教皇派のオットー四世を支持した。しかし、オットー四世は、教皇インノケンティウス三世の支援にもかかわらず、フィリップに決定的な勝利を収めることができなかった。戦いで勝利を重ねたフィリップは一二〇四年にケルン大司教からドイツ王に戴冠された。

教皇インノケンティウス三世はオットー四世を見限って、フィリップ支持にまわった。教皇インノケンティウス三世がローマ教会の立場と相いれないシュタウフェン家のドイツ王を承認したことは奇妙なことであった。教皇インノケンティウス三世はドイツ王フィリップにローマ教会に従うことを命じた。それに同意したフィリップは破門を解かれ、ドイツ王として認められ、教皇からローマで皇帝として戴冠を受けることになっていた。

ところが、この教皇インノケンティウス三世の計画を根底から覆す事件が起こった。教皇インノケンティウス三世とドイツ王フィリップが同意にいたった数週間後の一二〇八年六月二一日、オットー四世が放ったといわれる刺客にフィリップが暗殺された。ドイツ王が暗殺されるのは神聖ローマ帝国ではじめてのことである。教皇インノケンティウス三世は、手のひらを返すように、フィリップの暗殺を神の審判と見なし、見捨てたオットー四世を皇帝として戴冠する用意があることを宣言した。

教皇インノケンティウス三世としては、オットー四世は教皇派であり、皇帝派のシュタウフェン家の皇帝とは違うと考えたのであろうが、それは思い違いであった。ドイツでは、教皇派と皇帝派を問わず、南イタリアは帝国の領土と認識されており、シチリア王国を支配することは、皇帝となるものにとって当然のことであった。

教皇インノケンティウス三世は、皇帝の戴冠と引き換えに、オットー四世に見返りを要求した。それは、シチリア王国を教会の封土として認め、教皇領を中部イタリアで拡大することであった。中部イタリアの教皇領の拡大によって、アンコーナ辺境伯領、スポレート公国が、北のイタリア王国と南のシチリア王国の間の緩衝地帯として、ジグソーパズルのように、ぴったりとおさまることになる。それによって、教皇インノケンティウス三世は、シュタウフェン家による帝国へのシチリア王国の統合という恐怖から解放されることになるはずであった。

オットー四世の皇帝戴冠

オットー四世は、教皇派のヴェルフェン家出身の皇帝として戴冠するために、大軍を率いてアルプスを越え、一二〇九年八月には北イタリアに到着した。そこからローマに向かう道すがら、アッシジに近い小邑リヴォトルトを通過したオットー四世に、アッシジのフランチェスコは弟子の一人を遣わし、現世の成功がいかに儚《はかな》いものであるかを思い起こすようにと伝えたという。それが真実かどうかは分からない。

オットー四世は、一二〇九年一〇月四日、ローマで教皇インノケンティウス三世によって皇帝の冠を授けられたが、教皇との約束のどれ一つも実行する意志はなかった。それが明らかになるのに時間はかからなかった。オットー四世はアンコーナ辺境伯領とスポレート公国を占領した。教皇もそれを予測していたのか、一二月末に、パレルモの宮廷の信頼できる人物、おそらくグアルティエーロ・ディ・パリアーラに、シチリア王国とフリードリヒ二世に反旗を翻した裏切り者がピーサでオットー四世を訪ねていることを伝えている。

裏切り者は、親政を開始したフリードリヒ二世に脅威を感じていたアチェッラ伯ディーポルト・フォン・シュヴァイシュポイントであった。ディーポルトのようなドイツ人騎士や有力領主は、簒奪された王領を取り戻そうとしていたフリードリヒ二世に脅威を感じて、皇帝オットー四世支持にまわった。ピーサ人も、ジェノヴァ人に奪われたシチリア島における特権を奪い返そうと、この企《くわだ》てに与《くみ》していた。

オットー四世のシチリア王国侵入

オットー四世は、一二一〇年一一月、シチリア王国に侵入した。南イタリアの支持者の支援を得て、カンパーニアの諸都市、プーリアのバルレッタ、バーリなどの都市を瞬く間に征服し、カラーブリアまで進軍した。南イタリアの領主のほとんどがオットー四世支持にまわった。オットー四世はシチリア王国の半島部分を征服したことで、シチリア島の征服も容易と考えた。

教皇インノケンティウス三世は、一二一一年三月、約束を反故にし、シチリア王国に軍をすすめたオットー四世の破門を宣告した。教皇インノケンティウス三世はドイツの諸侯、イタリアの聖職者、フランス王に書簡を送り、破門宣告をうけたオットー四世を支持するものを破門にすると伝え、新たな皇帝となるものとしてフリードリヒ二世を指名した。

教皇インノケンティウス三世の提案は矛盾するものであった。ハインリヒ六世のように、一人の人間がシチリア王とドイツ王、すなわち神聖ローマ皇帝の称号を得ることを、教皇は否定していた。それにもかかわらず、シチリア王のフリードリヒ二世を皇帝に指名したということは、その時点でフリードリヒ二世よりもはるかに恐るべき存在と見なしたオットー四世を排斥する必要性からであった。オットー四世に代わる選択肢はフリードリヒ二世しかなかったが、教皇インノケンティウス三世は、シュタウフェン家のフリードリヒ二世への不安もあった。とはいえ、一〇年近く後見人であったことで、かれに親近感を抱いていたのかもしれない。教皇にとって、きわめて大きな危険をともなった賭けであった。

シュタウフェン家を支持するドイツ諸侯は、フランス王フィリップ二世の政治的支持と教皇インノケンティウス三世の賛同を得て、一二一一年九月にニュルンベルクでフリードリヒ二世をドイツ王に選出した。かれは一一九六年にドイツ王に選出されていたので、これで二度目のドイツ王選出である。

そのとき、シチリア島にいたフリードリヒ二世には刻一刻と危機が迫っていた。オットー四世は、メッシーナ海峡を渡る準備を整え、支援のピーサの艦隊の到着を待っていた。フリードリヒ二世は、オットー四世がメッシーナ海峡を渡るのを阻止するために、メッシーナの城塞を強化していたが、オットー四世に立ち向かうだけの軍隊もなく、きわめて危険な状況にあった。

フリードリヒ二世は、オットー四世に使者を送り、シチリア島への進撃を中止させるための妥協策を探っているが、オットー四世には攻撃を中止する余地はなかった。カラーブリアにいたオットー四世は、シチリア島上陸を目前にして、一〇月半ば、フリードリヒ二世のドイツ王選出の知らせを受け、ドイツへの早期帰還が求められた。オットー四世は、シチリア島は容易に征服できると考え、一一月に踵《きびす》を返してドイツに戻った。

絶体絶命の危機に立たされたフリードリヒ二世は、オットー四世側の年代記によれば、アラゴン王国（アフリカという説もある）へ亡命するためにガレー船をパレルモ港に準備させていた。まさに、風前の灯であったフリードリヒ二世は救われた。危機一髪のところで助かったフリードリヒ二世は、カントーロヴィチによれば、そのことを生涯を通じて「一つの奇跡」と感じたという。

ドイツ王即位の要請

フリードリヒ二世をドイツ王に選出したドイツ諸侯は、ドイツ王即位の受諾を求める使節をシチリア島に送り、直ちにドイツに赴くことをフリードリヒ二世に要請することにした。一二一二年初頭、ドイツ諸侯の使節が、「キリスト教世界の外ではないが、世界の果て」のシチリア島に到着した。使節団はフリードリヒ二世に謁見し、ドイツ王即位の受諾を求めようとした。東洋風の着物を着て、玉座に座ったフリードリヒ二世は、謁見の間に通された使節に用向きを尋ねた。使節は、おそらくラテン語の通訳を通じて、フリードリヒ二世に次のように伝えた。

ドイツの平和とキリスト教世界の安寧のために、殿下に王の任をお引き受けいただきたく参上いたしました。シュタウフェン家の殿下だけが、長い間にわたる紛争で引き裂かれた帝国の統合に献身されると思うからです。

フリードリヒ二世は即答を避けた。かれの頭にはいくつもの思いが錯綜していたことであろう。シュタウフェン家の血を引く人間として、シチリア王国を危険にさらしても、ヨーロッパの最高の権威である皇帝の座を得るために、ドイツに行くべきかどうか、フリードリヒ二世は重大な岐路にたたされた。

王宮でも議論が続いた。安定した体制を確立していないシチリア王国を長期間にわたって留守にすることは、混乱を新たに増大させ、権力が貴族や都市に移行する恐れがあった。世継ぎのハインリヒ七世を出産したばかりの王妃コンスタンサは、危険なドイツ行きを諦めさせようとフリードリヒ二世に懇願した。コンスタンサは、ドイツ人に対する不信感が強く、フィリップが暗殺されたように、夫フリードリヒ二世も裏切られ、殺されることを恐れた。それは側近たちも同じであった。

コンスタンサは、ハンガリー王イムレ一世の世継ぎを出産しながらも、義弟のアンドラーシュ二世に王位を奪われた。未亡人となったコンスタンサは息子をつれてハンガリーを去り、ウィーンのオーストリア公レオポルト六世の宮廷に身を寄せた。そこで息子は亡くなり、コンスタンサはアラゴンに戻った。この経験から、コンスタンサはフリードリヒ二世がドイツに行くことに強く反対した。

フリードリヒ二世の決断

一七歳のフリードリヒ二世に流れていたシュタウフェン家の血が蘇り、神聖ローマ皇帝となる意志が表明された。フリードリヒ二世は、ドイツ諸侯によるドイツ王の選出を受諾した。フリードリヒ二世は、ドイツ王即位を要請されたとき、祖父「赤髭王」、父ハインリヒ六世に続いてシュタウフェン家を継承するものとして、神聖ローマ皇帝を現実のものとして意識したのであろう。シュタウフェン家の再興と皇帝の地位を望むフリードリヒ二世の意志を変えることは誰もできなかった。

ドイツに出発する前に、フリードリヒ二世は教皇インノケンティウス三世に二通の文書を書いている。一つはシチリア王国は教皇の封土であり、封建的賦課金を教会に支払うこと。もう一つは母コスタンツァが一一九八年に教皇と取り決めた通り、シチリア王国の司教選出に介入しないことである。フリードリヒ二世は、ドイツ王となり、皇帝の戴冠を受けるためには、一人の人間が皇帝とシチリア王の地位を得ることを恐れる教皇に、この二つの誓約をおこなう必要があった。フリードリヒ二世は、これから何度もこの誓約を教皇に繰り返すことになる。

フリードリヒ二世は、いまだ脆弱で、不安定なシチリア王国を留守にするにあたって、できる限りの対策を講じた。かれは、一二一二年三月初め、一歳になったばかりの息子ハインリヒ七世をシチリア王として戴冠させ、妻のコンスタンサを摂政とした。それは、シチリア王国が神聖ローマ帝国から独立したものであることを教皇に示すためであった。すなわち、フリードリヒ二世がドイツ王とシチリア王を兼ねることを恐れる教皇に先手をうって、ハインリヒ七世をシチリア王として戴冠させ、安心させた。

フリードリヒ二世は、追放していたグアルティエーロ・ディ・パリアーラを宮廷に呼び戻し、シチリア島に残る王妃コンスタンサの相談役にしている。それはグアルティエーロ・ディ・パリアーラを信頼する教皇への配慮であったろう。

III

ドイツの八年間

ドイツに向かったフリードリヒ二世

フリードリヒ二世は、バーリ大司教ベラルド・ディ・カスターニャなどわずかの従者を率いて、一二一二年三月にパレルモを立ち、メッシーナに向かった。そこから船でティレニア海を通って、ガエータに寄港し、四月半ばにローマに着いた。フリードリヒ二世がシチリア島に戻るのは八年半後の一二二一年のことである。

ドイツに向けて旅立った少年フリードリヒ二世を、「美しく気品のある貌と晴れやかな額、そしてこれにもまして光り輝く快活なまなざし」、とカントーロヴィチは描写している。しかし、その外見はドイツ王には似つかわしくない、「遍歴騎士もしくは乞食の襤褸《ぼろ》を着た童話の王子様のようであった」と、あたかも見てきたように書いている。

ローマに到着したフリードリヒ二世は、後見人であった教皇インノケンティウス三世に謁見し、シチリア王国が教会の封土で、教会が選出する司教を承認することをあらためて誓約した。教皇インノケンティウス三世は、生まれたばかりのハインリヒ七世をシチリア王とし、王妃コンスタンサを摂政と認めることと引き換えに、オットー四世の二の舞にならないように、帝国とシチリア王国の分離をフリードリヒ二世に確認した。フリードリヒ二世は、帝国へのシチリア王国の統合という秘めたる計画をおくびにも出すことなく、それを八年間のドイツ滞在中に周到に準備することになる。

教皇インノケンティウス三世は、フリードリヒ二世にオットー四世の追討を励まし、ドイツの聖職者への紹介状を書き、当面の資金を援助し、ジェノヴァへの船を用意した。フリードリヒ二世が教皇インノケンティウス三世と会うのは、このときが最初で最後であった。フリードリヒ二世は、このときのことをのちに次のように記している。

ローマ（教皇）は、両手から自分の息子を離す母のように、不確かな運命を案じながら、私をドイツに送られたが、このように帝国の高い威厳（皇帝の地位）を得ることができた。

この言葉がフリードリヒ二世と教皇グレゴリウス九世の争いが激化していた一二三八年初頭に発せられたことを考えると、教皇への世辞、あるいは仲直りの表明と思われる。

フリードリヒ２世を謁見する教皇インノケンティウス３世。19世紀に描かれた中世イタリア史の挿絵

フリードリヒ二世は、教皇の精神的・経済的支援をうけた「教会の子」として、一二一二年五月一日にジェノヴァに到着した。ローマからカントーロヴィチによれば、ジェノヴァまでの船代は、ロンバルディーアの皇帝派の都市パヴィーアがのちに支払っている。

ジェノヴァは、亀長洋子によれば、一二世紀において、シチリア島との貿易や航行の安全、さらには北アフリカへの進出のために、シチリア王国と友好関係にあった。「赤髭王」の時代には、ジェノヴァ・シチリアと対抗するピーサ・ビザンツ帝国・ヴェネツィア・神聖ローマ

フリードリヒ２世時代のイタリア

帝国という図式であったが、ハインリヒ六世が皇帝になると地中海勢力の同盟関係は変化するものの、シチリア王国とジェノヴァの関係が変わることはなかった。

フリードリヒ二世は七月末までジェノヴァに滞在し、反皇帝の都市だけでなく、オットー四世の勢力が居残るロンバルディーアを横断し、アルプスを越える準備を整えた。ジェノヴァは、フリードリヒ二世の二ヵ月半近い滞在の費用二四〇〇オンスを帳消しにしたが、ジェノヴァ人は抜け目がなく、皇帝に即位したあと四日以内に、シチリア島におけるすべての特権を承認することをフリードリヒ二世に約束させた。

北イタリアと中部イタリアの状況

フリードリヒ二世が通過した一二一二年ごろの北イタリアには、ミラノをはじめとする自治的な都市が存在したが、形式的には神聖ローマ帝国領であった。北イタリアの諸都市は、ミラノを中心とする教皇支持の都市と、クレモーナを中心とする皇帝支持の都市に二分され、激しく対立していた。ボローニャ、ブレッシァはミラノ側で、パヴィーア、モーデナはクレモーナ側についていた。

ポー川流域の平野の西には、アスティのモンフェッラート侯やアオスタのサヴォイア伯が支配していた。東側のヴェローナとトレヴィーゾの地域では、農村部の領主権を基盤とするエッツェリーノ・ダ・ロマーノが支配していた。ヴェーネト南部地域を支配していたエステ家は、フェッラーラを政治活動の拠点としていた。ヴェネツィアは中立を保持し、中部イタリアではフィレンツェがピーサ、シエーナと争っていた。ピーサは、同じく強力な海洋都市ジェノヴァに敵愾心を燃やしていた。

フィレンツェではフリードリヒ二世を支援するアミディ家とオットー四世を支持するブオンデルモンティ家が結婚をめぐって反目していた。この対立する二大貴族の熾烈《しれつ》な争いで、オットー四世支持のグエルフィとフリードリヒ二世支持のギベリンが登場する。グエルフィとギベリンの呼び方は、フィレンツェ以外でも一三世紀後半に使用されるようになる。その際に、ギベリンはシュタウフェン家に同調し、帝国の権力を支持する勢力、グエルフィは教会を擁護し、教皇を支持する勢力と見なされることになる。ヨーロッパでは、イングランドがヴェルフェン家のオットー四世を、フランスのフィリップ二世がシュタウフェン家のフリードリヒ二世を支援していた。

ロンバルディーアの突破

フリードリヒ二世は、アルプスに向かう最短距離の道路が教皇派の都市によって遮断されていたので、ジェノヴァから迂回してモンフェッラート侯国領のアスティを通りパヴィーアに進まねばならなかった。なお、反皇帝の勢力が皇帝のアルプス越えを阻止するのはこれが最初ではなく、すでに一〇九三年にもおこなわれていた。

北イタリアに土地勘のないフリードリヒ二世は、一二一二年七月末、皇帝派の都市の騎士に先導され、パヴィーアに向けてジェノヴァを出発した。イタリア王国の首都であったパヴィーアで、フリードリヒ二世は「すでに皇帝に戴冠した」かのような大歓迎を受けた。そこからクレモーナに行くには、ポー川の支流ランブロ川を渡らねばならなかった。フリードリヒ二世は、夜遅くパヴィーアを出発し、一晩中馬を走らせてパヴィーアとクレモーナの中間地点のランブロ川に着いた。フリードリヒ二世は、夜陰に乗じてランブロ川を渡ろうとしたが、パヴイーアの年代記作者は、待ち伏せしていたミラノ軍に追われ、すばやく裸馬に飛び乗ってランブロ川に飛び込み、追手を振り切って、クレモーナにたどり着いた、と活劇風に記している。ミラノの追手がパヴイーアに現れたのは、フリードリヒ二世が出発した直後であった。オットー四世側の年代記は、「ちび」のフリードリヒ二世を捕らえることはできなかったと記している。ミラノ軍はパヴィーアを襲撃し、多くの住民を捕虜とした。ミラノ側についていたクレモーナの西南西にあるピアチェンツァはフリードリヒ二世の通過を阻止しようとした。ピアチェンツァの年代記作者は、クレモーナ軍が種まきを妨害し、収穫物を焼き払い、家畜を追い払い、家を略奪し、人々を捕虜にしたと記している。

アルプス越え

フリードリヒ二世はクレモーナからマントヴァを経てヴェローナに進み、トレントに着いた。フリードリヒ二世は、オットー四世支持者や反皇帝派の都市が支配するロンバルディーアを突破することに成功した。しかし、反皇帝派の都市がサン・ベルナール峠とゴッタルド峠を、オットー四世を支持するメラーノ公とバイエルン公がブレンナー峠を支配していたので、フリードリヒ二世はエンガディン渓谷に沿って道なき道を通って、一二一二年九月初めに、現在のスイスのグラウビュンデン州のクールに到着した。

フリードリヒ二世は、教皇の指示が届いていたことからクールの司教に手厚くもてなされ、ザンクト・ガレンまで随行された。そこで、修道院長の厚意で三〇〇人の騎士が従うことになり、フリードリヒ二世は増強された軍勢を率いて、ドイツ南西部のボーデン湖からライン川が流れ出すところにある、コンスタンツ（ドイツのバーデン・ヴュルテンベルク）へと進んだ。オットー四世は、フリードリヒ二世の軍勢を迎撃するために、コンスタンツに近いユーバーリンゲンに宿営し、先遣隊がコンスタンツで宴会の準備を進めていた。

コンスタンツの城門の前に現れ、開門を求めたのは、オットー四世ではなく、フリードリヒ二世であった。コンスタンツ司教はフリードリヒ二世の入城を拒否した。しかし、フリードリヒ二世に随行していたバーリ大司教ベラルド・ディ・カスターニャがオットー四世に対する破門宣言を読み上げると、コンスタンツ司教は否応なくフリードリヒ二世の入城を認めた。

その三時間後、オットー四世の軍勢がコンスタンツの城門の前に到着し、開門を求めたが、拒否され、北に向かって退却した。フリードリヒ二世にシュタウフェン家の発祥の地シュヴァーベンへの道が開かれた。フリードリヒ二世は、これまで幸運に恵まれたことを、神の恩恵と見なした。

フリードリヒ二世は、クールとコンスタンツの司教、ライヒェナウとザンクト・ガレンの修道院長をふくむ軍勢を率いて、コンスタンツからバーゼルへと進んだ。バーゼルでは、ストラスブール司教が率いる五〇〇人の騎兵がフリードリヒ二世に合流した。ドイツ南西部のシュヴァーベンはフリードリヒ二世を歓呼の声をもって迎えた。北ドイツのヴェルフェン家のオットー四世は、南ドイツでは嫌われる存在であった。フリードリヒ二世は、シュタウフェン家の相続人としてオットー四世との戦いを続け、ドイツ南西部での勢力を拡大した。

「アプーリアの少年」

遠く離れたシチリアから来て、短期間に奇跡的な勝利を手にした「少年王」フリードリヒ二世の成功は旧約聖書にあるダビデとゴリアテに擬せられた。少年ダビデが投石機で放った石で巨人ゴリアテを倒した、弱きものが強きものに打ち勝った譬えである。

みすぼらしい「羊飼い」の少年フリードリヒ二世の、奇跡が奇跡を呼ぶような快進撃、とくに剣を抜くことなく達成した勝利は、中世において神の奇跡と見なされ、神話が生まれた。それによって、フリードリヒ二世の支持者、信奉者が増大し、軍勢も自然に増強された。

快進撃を続けるフリードリヒ二世は、ドイツでは「アプーリアの少年」Puer Apuliae と呼ばれた。ラテン語のアプーリアは、シチリア王国が支配する南イタリアの地名で、当時は南イタリアの全地域を指すものであった。フリードリヒ二世が「アプーリアの少年」と呼ばれたのはアプーリアがシチリア王国の領土であったからであろう。現在はプーリアと呼ばれるが、長靴に譬えられるイタリア半島の「かかと」の部分にあたる。ドイツから帰国し、皇帝となったフリードリヒ二世は、プーリアのフォッジアを支配拠点とし、王宮を造営し、政治の中心地とすることになる。

フリードリヒ二世は、一二一二年一二月五日、フランクフルトでドイツ諸侯からドイツ王に選出された。かれがドイツ王に選出されるのは三度目である。フリードリヒ二世は、伝統的なドイツ王の戴冠の地であるアーヘンがオットー四世の支配下にあったので、四日後の一二月九日、マインツの大聖堂で大司教ジークフリートから王冠を授かった。そのとき、フリードリヒ二世は十字架を掲げて、参列していた諸侯たちに十字軍遠征を訴えた。

ドイツに到着したばかりのフリードリヒ二世が司教、修道院長、領主などドイツ諸侯の支持を獲得できたのは、生まれつきの雅量をもって、かれらに権利と地位を与えたことによると言われる。それによって、ドイツ諸侯はフリードリヒ二世に忠誠を尽くすこととなり、かれはドイツから帰国後は、後顧の憂いなく、シチリア王国の強化、イタリアにおける戦いを続けることができることになる。フリードリヒ二世の一番目の目的であったドイツ王への選出は短期間のうちに実現したが、それは教皇によるところが大きかった。

教皇への感謝

フリードリヒ二世は、一二一三年七月一二日、エーゲル金印勅書を発表した。かれは、教皇インノケンティウス三世の無限の慈愛に感謝し、ドイツの教会に対して司教などの選出の自由を認めた。フリードリヒ二世は、教皇インノケンティウス三世の主張する中部イタリアのスポレート公国、アンコーナ辺境伯領に加えて、ラヴェンナ、「マティルデの遺産」の地を教皇領と認めた。サルデーニャとコルシカの両島も教皇領となった。教皇インノケンティウス三世は、帝国とシチリア王国の間の緩衝地帯が確実なものとなったことに、あらためて安堵したことであろう。

しかし、フリードリヒ二世は、中部イタリアを放棄したわけではなく、近い将来そこを取り戻すことを密かに考えていた。オットー四世との戦いを有利に展開し、皇帝として戴冠を受けるまでは、フリードリヒ二世としては、教皇インノケンティウス三世の支援が不可欠であり、対立を避けねばならなかった。

フリードリヒ二世は、冬場の戦いが停止の期間にも、ドイツ支配のために可能な限りの手を打った。かれは、一二一三年クリスマス、叔父フィリップの遺体をバンベルクからザリアー朝の皇帝を埋葬したシュパイアーの教会に移し、厳粛に埋葬した。この行為は、「令名高いローマ人の皇帝にしてシチリア王」ハインリヒ六世と「われわれの愛してやまない叔父」、「輝かしく、偉大なローマ人の王」フィリップへの、追悼儀式であった。フリードリヒ二世は、シュタウフェン家の伝統を活用することで、シュタウフェン家支持者の信頼を確実なものとし、諸侯への影響力を強めた。

ブーヴィーヌの戦い

フリードリヒ二世のドイツにおける勝利に欠かせない、もう一人の支援者がフランスのフィリップ二世である。フリードリヒ二世は、一二一二年一一月、イングランド王ヘンリー二世の孫にあたるオットー四世に対抗して、フランス王フィリップ二世と同盟を結んだ。ドイツ王位を巡る争いは、イングランドとフランスを巻き込み、ヨーロッパ的規模に拡大することになる。

オットー四世は、イングランド王ジョンとともに、フリードリヒ二世と同盟関係にあったフランスを攻撃しようとした。フィリップ二世率いるフランス軍は、フランス南部のラ・ロシェルに上陸したジョン率いるイングランド軍を敗走させた後、一二一四年七月にフランドルのブーヴィーヌの戦いで、オットー四世の軍を打ち破った。戦いに敗れたオットー四世は、金色に輝く帝国の鷲の軍旗を戦場に残して、ケルンに逃げた。フィリップ二世はオットー四世が戦場に残した帝国の軍旗をフリードリヒ二世に引き渡した。フリードリヒ二世は、戦わずして、ドイツにおける支配を確実なものとした。

フィリップ二世は失っていた領地をイングランドから取り戻し、フランスの防衛者として名声を獲得し、フランスのカペー朝の王権強化の基盤をつくり、尊厳王（オーギュスト）と呼ばれることになる。敗北したイングランドでは貴族が反乱を起こし、一二一五年には王権の制限、教会の自由、都市の自由を認めた大憲章、マグナ・カルタが宣言された。

アーヘンでの戴冠式

フリードリヒ二世は、巡礼者と十字軍の守護神である預言者ヤコブの祭日、一二一五年七月二五日、オットー四世の攻撃を受けることなくアーヘンの大聖堂で、マインツ大司教から正式に戴冠を受けた。ドイツ王は、アーヘンでの塗油による聖別と王冠を受け、カール大帝の玉座に座り、その王権の完全な合法性を認められ、ローマ皇帝の帝冠を要求できた。ザクセン朝からシュタウフェン朝まで、ドイツ王は、ローマに赴き、ローマ教皇から戴冠を受けて神聖ローマ皇帝となっていた。

ドイツ王の戴冠の二日後、フリードリヒ二世は、アーヘンのサンタ・マリーア教会で、祖父「赤髭王」が一一六五年に列聖を宣言したカール大帝の遺骨を墓から取り出して、金細工の聖遺物箱に移し、参列者の面前で釘を打ち、封印した。

リエージュの聖堂参事会長ラニエーロは、「荘厳なミサの後、フリードリヒ二世がマントを脱いで、みずから鎚を手に取り、出席者の面前で聖遺物箱に力を込めて釘を打ち付けた」と記している。そのとき、フリードリヒ二世は二一歳になっていた。生命さえ危うかった「アプーリアの少年」はヨーロッパの押しも押されもせぬドイツ王となった。

フリードリヒ二世は十字軍を率いてイェルサレムに遠征することを改めて宣言した。祖父「赤髭王」は十字軍に参加し、目的を達成することなく、途中で亡くなった。父ハインリヒ六世はイェルサレムに向けて出発寸前に亡くなった。フリードリヒ二世は、シュタウフェン家の祖先が選んだ道を強く意識していた。

ラテラーノ公会議

教皇インノケンティウス三世は、一二一五年一一月、ローマでラテラーノ公会議を開催した。公会議の議題は、教会改革、十字軍遠征、異端とされたフランス南部のカタリ派との戦い、皇帝オットー四世の廃位であった。教皇インノケンティウス三世が権力の絶頂期にあったことで、イェルサレムとコンスタンティノープルの総主教をふくむ七一名の大司教、四〇〇名を超える司教、八〇〇名以上の大修道院長のほかに、諸侯や都市の代表がローマに参集した。フリードリヒ二世の代理として、バーリ大司教ベラルド・ディ・カスターニャがラテラーノ公会議に参加した。この参加者の数からして、教皇インノケンティウス三世の絶大な権威を知ることができる。

教皇インノケンティウス三世は、ラテラーノ公会議後の一二一六年二月、使者をドイツに送り、帝国へのシチリア王国の統合をおこなわないことをフリードリヒ二世に要求し、それを確認している。フリードリヒ二世は十字軍遠征と、帝国とシチリア王国の分離を、教皇インノケンティウス三世に繰り返し表明することになるが、それは教皇の疑惑と反発を招かないように配慮した、一種のカモフラージュであった。

フリードリヒ二世は、帝国へのシチリア王国の統合という秘めた目的の下準備を、ドイツ滞在中におこなわねばならなかった。それは、息子のハインリヒ七世をドイツ王に選出し、シュタウフェン家の後継者を確実なものとすることであった。

ハインリヒ七世をドイツ王に

フリードリヒ二世は、ラテラーノ公会議直後、腹心のベラルド・ディ・カスターニャをシチリア島に向かわせ、息子のハインリヒ七世と王妃コンスタンサをドイツに呼び寄せた。フリードリヒ二世は、一二一六年一二月、ニュルンベルクでの諸侯会議で五歳になるハインリヒ七世を紹介し、翌年の春にはシュヴァーベン公に、一二一九年にはブルゴーニュ公とした。

ハインリヒ七世がドイツに現れたことは教皇インノケンティウス三世の警戒心を掻き立てたが、それはフリードリヒ二世にとって計算済みのことであった。かれは、十字軍遠征で教皇の歓心をかう一方で、ハインリヒ七世のドイツ王選出の計画を推し進めた。

フリードリヒ二世は、皇帝の戴冠を前にして教皇を敵に回すことはできなかったので、一二一六年七月一日、帝国とシチリア王国の統合を懸念する教皇インノケンティウス三世にストラスブールから書簡を送っていた。そのなかで、フリードリヒ二世は、教皇インノケンティウス三世に対して感謝の念を繰り返し表明し、前述した一二一三年のエーゲル金印勅書で表明した教皇領にかかわることを再度誓約し、シチリア王国の北西に位置するソーラ伯領を教会に寄贈することを表明した。だが、フリードリヒ二世にとって、シチリア王国が教会の封土ではなく、「われらの貴重で尊厳なる遺産」であることは変わらなかった。

教皇インノケンティウス三世は、フリードリヒ二世の教会への献身を過大評価し、かれが帝国へのシチリア王国の統合を企んでいるとは考えられなかったのかもしれない。また、ハインリヒ七世のドイツ王選出は、ドイツの聖職者諸侯の反対で、実現できないと楽観していたようである。教皇インノケンティウス三世を手玉に取るフリードリヒ二世は、波乱の幼少期を過ごしたパレルモで身に着けたのであろうが、早熟な政治家の才能を発揮し始めていた。

教皇インノケンティウス三世の死去

教皇インノケンティウス三世は、一二一六年七月一六日、五六歳でペルージアで突然に亡くなった。フリードリヒ二世は、一二一七年七月一日を十字軍の出発の日と、教皇インノケンティウス三世に明言していた。教皇インノケンティウス三世は、亡くなる前に、聖地奪還のための回状を発し、すべての司教区に十字軍説教者を任命していた。

新しい教皇ホノリウス三世は、イェルサレムの奪還を最も崇高な使命と考え、フリードリヒ二世に十字軍遠征を急き立てた。教皇の要請を見越していたフリードリヒ二世は、教皇の機先を制して、ドイツで十字軍遠征の準備を推進し、諸侯会議で出発の日を改めて定めると宣言した。

フリードリヒ二世は、十字軍に出発する前に、ハインリヒ七世をドイツ王にし、ローマで皇帝としてみずからの戴冠式をおこなわねばならなかった。フリードリヒ二世が十字軍遠征の約束を先延ばしにすることに、教皇ホノリウス三世は苛立ちをかくさなかったが、フリードリヒ二世は、教皇インノケンティウス三世におこなった誓約を教皇ホノリウス三世にも繰り返した。それは面従腹背であった。

「ドイツの問題」と「シチリアの問題」

フリードリヒ二世は、「ドイツの問題」と「シチリアの問題」を同時に解決した。「ドイツの問題」とはハインリヒ七世のドイツ王への選出である。「シチリアの問題」とは、帝国へのシチリア王国の統合の道筋をつくることであった。

フリードリヒ二世は、教会に対する献身を表明し、シチリア王国は教会の封土であり、帝国が征服して獲得したものではないことを、教皇ホノリウス三世に明言した。これを確認した教皇ホノリウス三世は、ハインリヒ七世のドイツ王選出に反対しなかった。教皇ホノリウス三世は、前教皇のように老獪で、いかなる妥協も拒否する人物ではなかった。フリードリヒ二世は、親しい枢機卿から、教皇ホノリウス三世がハインリヒ七世のドイツ王選出を警戒していないという報告を受けていた。教皇ホノリウス三世は、フリードリヒ二世の十字軍遠征の見返りとして、ハインリヒ七世のドイツ王を承認することを考えていたと思われる。

ただ、フリードリヒ二世にとって、ハインリヒ七世をドイツ王にすることは容易なことではなかった。ドイツ諸侯への譲歩的な対応にもかかわらず、フリードリヒ二世はハインリヒ七世をドイツ王に選出するまでに四年の月日を費やしていた。フリードリヒ二世がハインリヒ七世のドイツ王選出に際して聖職諸侯に支払った代価は、一二二〇年の「聖界諸侯との協約」である。フリードリヒ二世は、ハインリヒ七世のドイツ王選出に協力した聖職諸侯に所領の自治を認め、貨幣鋳造権、関税権、裁判権を譲渡した。フランクフルトにおける諸侯会議で、一二二〇年四月、ようやくハインリヒ七世はドイツ王に選ばれた。ケルン大司教エンゲルベルトがハインリヒ七世の摂政となった。

フリードリヒ二世とすれば、ハインリヒ七世のドイツ王選出という「ドイツ問題」の解決によって、帝国へのシチリア王国の統合という「シチリア問題」の展望を切り開くことができた。ここでも、フリードリヒ二世は類まれな政治手腕を発揮し、教皇ホノリウス三世はフリードリヒ二世に完全にしてやられた。エベルハルト・ホルストによれば、フリードリヒ二世は「教皇庁をペテンにかけた」。それを、カントーロヴィチはフリードリヒ二世の「名人芸」と呼んでいる。

シトー派修道会

フリードリヒ二世は、ローマで神聖ローマ皇帝として戴冠するまで、カントーロヴィチによれば、無為とは言わないまでも、これといって目立った活動もなく過ごしている。しかし、フリードリヒ二世は、「赤髭王」が一一六〇年頃に建てた、広大な森林に囲まれたお気に入りのハーゲナウの城で戦略を練っていた。

フリードリヒ二世は、その戦略の布石として、教皇と皇帝、聖と俗の両権を媒介する修道会と騎士団と関係を結んだ。ドイツ時代のフリードリヒ二世が結んだシトー会修道会とドイツ騎士団との関係は、その後のフリードリヒ二世の活動においてきわめて重要である。

フリードリヒ二世は、アーヘンにおけるドイツ王の戴冠式直後、シトー派修道会との関係を樹立している。シトー派修道会は、ブルゴーニュの修道士モレームのロベールが一〇九八年に設立し、クレルヴォーの修道院長ベルナール（聖ベルナール）が発展させた。

質素な白衣を着たシトー派の修道士は荒れ地を耕し、農業を営み、簡素な教会を建てた。一人の修道院長と一二名の修道士からなるシトー派修道院は、母修道会から子修道会に、それから孫修道会へと、分裂することなく、ピラミッド型の組織を形成した。シトー派修道会の規律は、「シュタウフェン朝の帝国と中世の貴族的教会」において威厳のあるものであった。

フリードリヒ二世はシトー派修道院に多くの贈与をおこなった。「皇帝と教皇の和合の番人」としてのシトー派修道士は、技術者や職人として、ヨーロッパ各地で農業、鉱物採掘、建築に従事し、神聖ローマ帝国の確立に貢献した。農業と牧畜に熟達したシトー派の修道士は南イタリアのプーリアの王領を耕作し、南イタリアやシチリア島において城や宮殿の建設に従事している。フリードリヒ二世による城塞の建築様式は、ノルマン・ビザンツ様式に代わる、装飾性を最小限におさえた地味なシトー派の様式で、その特徴をシラクーサのマニアーチェ城に見ることができる。

二番目の股肱の臣ヘルマン・フォン・ザルツァ

フリードリヒ二世は、前述したベラルド・ディ・カスターニャに次ぐ、二番目の股肱の臣をドイツ滞在中に得ている。それは、フリードリヒ二世が一二一六年一二月にニュルンベルクで開催した諸侯会議で会った、テューリンゲン出身のドイツ騎士団の団長ヘルマン・フォン・ザルツァである。

ドイツ騎士団（正式名称はドイツ人の聖母マリア騎士修道会）は、テンプル騎士団とヨハネ騎士団をモデルに、聖地イェルサレムの防衛を目的としてドイツ騎士によって一二世紀末に結成された。教皇庁に属するドイツ騎士団の団長ヘルマン・フォン・ザルツァは、結成時からシュタウフェン家と密接な関係を持ち、皇帝と教皇の良好な関係を保持することに努力した。フリードリヒ二世はヘルマン・フォン・ザルツァの能力を高く評価し、ドイツ騎士団に贈与などの支援をおこない、若い貴族にドイツ騎士団への入会を勧めている。

ヘルマン・フォン・ザルツァは、中世のキリスト教世界の二つの最高の権威である教皇と皇帝の対立を緩和することに全生涯を捧げている。フリードリヒ二世の信義にもとる十字軍の度重なる遠征の延期を教皇が大目に見たのは、ヘルマン・フォン・ザルツァの賢明な取りなしによるものであった。ヘルマン・フォン・ザルツァは、

ドイツ騎士団団旗を団長ヘルマン・フォン・ザルツァに渡すフリードリヒ 2 世。19 世紀に描かれた油絵

一二二七年にフリードリヒ二世に言い渡されていた破門を教皇グレゴリウス九世に取り消させ、皇帝との講和を締結させた。フリードリヒ二世の北イタリア諸都市に対する強硬な政策と教皇との高まる緊張関係改善において、ヘルマン・フォン・ザルツァが果たした役割はきわめて多大なものであった。

ヘルマン・フォン・ザルツァは、教皇からも高い評価を得ていた。そのことは、団長の長期にわたる不在に不満を表明したイェルサレムのアッコンに駐在していたドイツ騎士団員に対して、「教会と帝国の重要な仕事のために」、当面はヘルマン・フォン・ザルツァを欠くわけにはいかないと、教皇が一二三二年八月二五日に書き送っていることからも明らかである。

IV

シチリア王国の再建

神聖ローマ皇帝として戴冠

フリードリヒ二世は、一二二〇年春、皇帝としての戴冠のためにローマに行く準備を開始し、ドイツ騎士団団長のヘルマン・フォン・ザルツァを教皇庁に、メッシ大司教コンラートを北イタリアの諸都市に派遣した。

フリードリヒ二世は、一二二〇年八月、王妃コンスタンサとともに、レヒフェルトを出発した。フリードリヒ二世は二六歳になっていた。かれは、インスブルック、ブレンナー峠、ボルツァーノを通り、アディジェ渓谷をくだり、マントヴァに到着した。八年前に道なき道を通ってドイツに向かったのとは大違いで、身の危険もない安全な旅であった。

ロンバルディーアの諸都市は、吟遊詩人たちがドイツにおけるフリードリヒ二世の活躍と名声を伝えていたこともあり、おおむね歓迎した。先に派遣されたメッシ大司教コンラートの下準備によって、ロンバルディーアの都市には、皇帝の特権を返還したところもあった。ヴェネツィアとはそれまでの協定を更新し、ジェノヴァとはシチリア島の特権の再確認をしている。反皇帝派のボローニャでフリードリヒ二世は城内に入ることができた。

フリードリヒ二世は、古代ローマが建設したフラミニア街道を南下し、ローマに着き、テーヴェレ川右岸にあるモンテ・マーリオで野営した。かれは、一二二〇年一一月二二日早朝、コンスタンサを伴って、モンテ・マーリオから白い馬に乗って、ローマ市内に向かって降りた。

フリードリヒ二世は、テーヴェレ川にかかるミルヴィオ橋でローマ市民の権利を認めるために停止し、コッリーナ門でローマ市民に施しを与えるように聖職者に命じた。フリードリヒ二世は、聖職者と市民の歓迎を受け、トリオンファーレ通りを経て、カステル・サンタンジェロからは帯刀のローマ市長官に導かれ、十字架を掲

フリードリヒ２世の戴冠式。19世紀に描かれた中世イタリア史の挿絵

げ、香炉を振る聖職者に続いて、サン・ピエトロ大聖堂まで進んだ。

サン・ピエトロ大聖堂正面の階段で待っていたローマの元老院議員が、フリードリヒ二世から馬の手綱を受け取った。教皇ホノリウス三世は、サン・ピエトロ大聖堂の入り口の階段の一番上に置かれた椅子に座りフリードリヒ二世を待っていた。かれは教皇に近づき、足に恭しく接吻し、金貨を贈呈した。

教皇ホノリウス三世は、フリードリヒ二世を抱擁して迎え、サン・ピエトロ大聖堂のなかへと案内した。金糸の縫い取りのあるマントを羽織り、皇帝の礼服を着たフリードリヒ二世はペトロの墓前で畏敬の念を表した。かれは、聖マウリツィオの祭壇の前で、枢機卿によって肩甲骨と右腕の間に塗油が施された。それは皇帝の聖別式における古くからの儀式であった。

フリードリヒ二世はペトロの祭壇にのぼり、信仰告白をおこなった。教皇から平和の接吻をうけて席に着いたフリードリヒ二世に、教皇は特別の祈りをおこなった。教皇から剣を授かったフリードリヒ二世は、「福者ペトロの戦士」の証として、渡された剣を三回振った。それは教会の守護者となったことを示す儀式であった。フリードリヒ二世が、皇帝の象徴である王笏《おうしやく》と地球上の権力の象徴である地球儀を教皇から受領すると、合唱隊が「ローマ人民の無敵なる皇帝、崇高なるフリードリヒに勝利と至福を」と合唱した。

フリードリヒ二世は、のちに教皇グレゴリウス九世となるオスティア大司教の枢機卿ウゴリーノの手から十字架を受け取り、異端に対する戦いを誓うと、教皇から聖体を授与され、平和の接吻を受けた。コンスタンサは、教皇ホノリウス三世から皇妃の冠を授けられた。

戴冠式が終わると、フリードリヒ二世は教皇ホノリウス三世とともに外に出た。フリードリヒ二世は、教皇ホノリウス三世が乗る馬の鐙《あぶみ》を支えてかれを乗せ、馬が歩き始めた後に、自分の馬に跨った。それは教皇にたいする恭順の行為で、祖父「赤髭王」、父ハインリヒ六世もおこなったものである。

教皇ホノリウス三世を先頭に、皇帝と皇妃、枢機卿や諸侯と続く行列は、サンタ・マリーア・イン・トラステーヴェレ教会に到着した。そこで教皇ホノリウス三世と皇帝フリードリヒ二世は別れた。フリードリヒ二世はモンテ・マーリオの宿営地に戻った。

フリードリヒ二世は神聖ローマ帝国の皇帝となった。教皇ホノリウス三世は南イタリアとシチリア島で権力を保持するフリードリヒ二世を神聖ローマ帝国皇帝として戴冠するという難しい決断をおこなったが、それには三つの理由があった。

一つ目はエジプトで窮地に立たされていた第五回十字軍を成功させるためであった。二つ目はローマ教会の財政的・司法的な特権をふくむ「教会の自由」を保証できる強力な皇帝権を必要としていたことである。三つ目は異端に対する戦いで皇帝の関与を必要としていたことである。「赤髭王」は一一八四年にヴェローナで教皇とともに異端撲滅をおこなっていたことから、孫のフリードリヒ二世もカタリ派撲滅のためにアルビジョア十字軍に加わると考えられていた。

フリードリヒ二世は、戴冠式の後に、教皇ホノリウス三世の要求に応じて、「帝国はシチリア王国にいかなる権利もなく、シチリアの相続権を母親を通じて教会の封土として所有する」という文書に署名している。くわえて、フリードリヒ二世は教皇ホノリウス三世に教皇領を侵犯しないことなどを伝え、これまでと変わることなく教皇に従順な態度を示した。フリードリヒ二世は、十字軍遠征の誓約をあらためて繰り返し、一二二一年八月に聖地に出発することを教皇ホノリウス三世に伝えた。しかし、フリードリヒ二世は、シチリア王国に戻るや否や、シチリア王国の再建に取り組むことになる。

皇帝フリードリヒ二世のイメージ

フリードリヒ二世は、四歳でシチリア王に、一七歳でドイツ王に、二六歳で神聖ローマ帝国の光輝に満ちた高位、皇帝の座についた。「少年王」から逞しい皇帝となったフリードリヒ二世は、カントーロヴィチによれば、高貴でたぐいまれな顔立ちをした美男であった。それは、フーベルト・ホーベンが指摘するように、おそらくゲルマンとノルマンの混血によるものであろう。年代記作者パンドルフォ・コッレヌッチオは、「フリードリヒは美男で、上背もあり、四肢は頑丈、肉付きがよく均整が取れており、赤い肌で、快活」と記している。北イタリア出身の年代記作者アチェルボ・モレーナ・ディ・ローディによれば、フリードリヒ二世は、皮膚が赤みがかっており、髪が赤毛だったようである。父ハインリヒ六世と祖父「赤髭王」は金髪で、母方の祖先は金髪か赤茶けた髪であった。

一二一四年の教会関係者の文書では、オットー四世支持者と思われる人物が、オットー四世は巨人で、チュートン人（ゲルマン人）であるのに対して、フリードリヒ二世は少年で、小人のように非常に背が低く、国王にふさわしくないと述べている。この記述にはシュタウフェン家とヴェルフェン家の対立が見られる。オットー四世からフリードリヒ二世への支持に立場をかえたドイツの詩人ヴァルター・フォン・デア・フォーゲルヴァイデは、一二一四〜一五年に書かれたと思われる文書で、オットー四世を身長が高いだけで名声においては小物として、フリードリヒ二世という高い評価を獲得した巨人と対比している。

十字軍遠征のときに、イェルサレムの聖墳墓教会を訪れたフリードリヒ二世を身近に見たムスリムの衛兵は次のような証言をしたという。フリードリヒ二世は赤毛で、頭ははげていて、近眼で、もし奴隷だったらディルハム銀貨で二〇〇枚の価値もないだろう。この侮蔑的な描写には、イェルサレムを征服したキリスト教の王について否定的なイメージを世に知らしめるムスリムの意図が見られる。

年代記作者の記述を総合すると、フリードリヒ二世は、母方のイタリア・地中海の特徴よりもドイツ・北方の伝統的特徴と一致し、中背で、赤みがかった金髪であったと思われる。ただ、多くのフリードリヒ二世の伝記では、祖父「赤髭王」と異なり、父親のハインリヒ六世とおなじく、髭をはやしていなかったことで一致している。

貨幣や大理石像に見るフリードリヒ二世のイメージ

フリードリヒ二世のイメージは一二三一年に鋳造されたアウグストゥス金貨に見ることができるが、フーベルト・ホーベンによれば、それは抽象化された国王のイメージで、権力の様式化された表象であり、実像とはかけ離れている。

残されたフリードリヒ二世の大理石像で見てみよう。カープアの城門の正面にフリードリヒ二世の座像があった。その玉座に座る皇帝の大理石像は、一七九一年にフランス軍によって破壊され、頭部は失われ、胴の部分しか残っていない。

フランス軍の侵入前の一七八一年に描かれたデッサンをもとに、彫刻家のトムマーゾ・ソラーリが制作した石膏像がカープア・カンパーノ博物館に展示されている。この顔もフリードリヒ二世を理想化したものである可能性が高い。

プーリアのビトント大聖堂には一二二九年に制作された大理石の説教壇がある。それはイェルサレムから凱旋したフリードリヒ二世に捧げられたものと言われる。その説教壇に施された浮彫に数名の人物が見られるが、どれがフリードリヒ二世であるか議論がある。

バーリの美術館、ピナコテーカ・プロヴィンチャーレに所蔵されている、カステル・デル・モンテ近郊で発掘

1781年に描かれた、カープアの城門正門に置かれたフリードリヒ2世像のスケッチ

1781年のスケッチをもとに作られた石膏像

バルレッタで発見されたフリードリヒ２世と想定される破壊された胸像

された上半身の像も顔の部分が失われている。バルレッタ近郊で発見された月桂冠をつけた君主の胸像がフリードリヒ二世であることには議論がないが、これも顔が破壊されている。また、本書の口絵に使用したヴァチカン図書館に所蔵されている『鷹狩りの書』に著者であるフリードリヒ二世と推定できる人物の細密画があるが、それからフリードリヒ二世の実像を知ることは難しい。

　フリードリヒ二世の性格について、フリードリヒ二世本人を実際に目にしたといわれるフランチェスコ会の年代記作者サリムベーネは、次のように記している。

　かれは狡猾で、抜け目なく、欲が深く、淫蕩で、意地悪く、怒りっぽい。また、ときに、愉快な、気持ちの良い、魅力的で、才覚のある善意と思いやりを示すときは、優れた男である。かれは、読み、書き、歌い、そして詩を作ることができた。かれは均整のとれた体形の美男子であるが、中背であった。かれは、多くのさまざまな言語を知っていた。手短に言えば、もしキリスト教徒として、神と教会とその霊魂だけを愛したのであれば、世界中で統治においてかれに並ぶものは少数であったろう。

このサリムベーネの指摘にもとづいたと思われるが、カントーロヴィチはフリードリヒ二世を「聡明さ、視界の広大さ、機敏であると同時に柔軟な精神、多くの言語を話す能力、そして屈託のないおおらかな性格」の持ち主と記している。

フリードリヒ二世不在中のシチリア王国

フリードリヒ二世がドイツに滞在した初期に、コンスタンサがハインリヒ七世の摂政としてシチリア王国を統治していた。コンスタンサを支えたのは、フリードリヒ二世がドイツに出発する際に尚書に任命したグアルティエーロ・ディ・パリアーラである。コンスタンサは、一二一三年三月に公文書で、かれの忠誠心と功績を讃えている。

コンスタンサは、シチリア島と南イタリアの統治という観点から、王室をパレルモではなく、メッシーナに置いていたと考えられる。しかし、その時期のシチリア王国についてはよく知られていない。フリードリヒ二世の腹心の部下であったベラルド・ディ・カスターニャは、ドイツ行に同行したが、シチリア島に戻っている。前述したように、ベラルド・ディ・カスターニャは、一二一四年に王妃コンスタンサと五歳のハインリヒ七世に同行して再びドイツに行っている。シチリア王と摂政の王妃が不在のときに、ベラルド・ディ・カスターニャがシチリア島の、ライナルド・ディ・カープアが本土の南イタリアの国王代理に任命されていた。

シチリア王国の状況調査

フリードリヒ二世は、イタリア帰還、皇帝戴冠が近づくと、シチリア王国の状況を調査し、それを踏まえた改革の準備を始めている。ブリンディジとオートラントの大司教がアルプスを越えて、ドイツのフリードリヒ二世のもとに状況報告に赴いている。南イタリアについて発布された公文書が一二一九年から数を増している。

シチリア王国の尚書は、ノルマン朝のグリエルモ二世が亡くなった後に簒奪された王領の調査をおこなっている。それはフリードリヒ二世が親政を開始した直後に、ドイツ行のために中断していた政策の再開であった。父ハインリヒ六世が亡くなってから一〇年間、さらにドイツ滞在の八年間に、王領は領主、貴族だけでなく修道院、都市によって簒奪されていた。とくに地方では、伯が司法官などの官吏の称号と役職を兼ねて、都市の権利を奪い、独占的に占有していた。事前調査によって、フリードリヒ二世はシチリア王国が憂慮すべき状態になっていることを把握していた。フリードリヒ二世はシチリア王国に帰国すると直ちに、ノルマン時代の法律にもとづき、シチリア王国の改革をおこなうことになる。

「カープア勅令」

フリードリヒ二世は、一二二〇年一二月一五日、二六歳の誕生日の前に、ナポリの北三〇キロのところにある古代ローマ時代に栄えたカープアに到着した。フリードリヒ二世は、ドイツでは諸侯の同意がなければ何も決定できなかったが、シチリア王国ではすべてを決定できる絶対的な王であった。フリードリヒ二世は、ノルマンの王たちが支配した広大な領地と強力な権力を取り戻し、長く続いた無政府状態に終止符を打つことになる。

フリードリヒ二世は、一二月一七〜二二日、「クーリア」curia generalis をカープアで開催した。阪上眞千子は、「クーリア」を有力封建領主と聖職者、そして都市の代表者を召集した「集会」と、西川洋一はクーリア・レギス curia regis を「王国会議」と訳している。

ちなみに、「クーリア」は、古代ローマでは元老院を、のちにはローマ教皇庁を意味した。ノルマン時代、ハインリヒ六世時代でも、「クーリア」は召集されている。フリードリヒ二世時代になると、ベアトリーチェ・バッシュータによれば、行政や司法にかかわる機能を果たしていた王国の最高の機関であるクーリア・レギスに代わって、王室大法廷 Magna Regia Curia が王国の司法行政を担うことになる。ただ、フリードリヒ二世時代の「クーリア」は多義的で、王宮、尚書や側近団など特権的な人々を総称し、王室裁判所、税金などの支払い事務所も意味している。

フリードリヒ二世がドイツで召集した諸侯会議には、聖と俗の諸侯が参加し、重要な政治的方針を決定した。一二三〇年代にフリードリヒ二世が北イタリアで頻繁に開催した会議はディエタ dieta となっている。本書では、参加者が主として封建領主であったことから、ディエタを諸侯会議と訳した。

カープアで開催された宮廷会議で、二〇条からなる勅令、いわゆる「カープア勅令」Assise di Capua が発布された。「カープア勅令」は、シチリア王国をノルマン朝の王グリエルモ二世が亡くなる一一八九年以前の法律や制度に戻すというもので、カントーロヴィチによれば、ノルマン人の法律を蘇生させ、それに方向性を与え、適用範囲を拡大したものであった。それは、伝統の復活という名のもとに、実際には一つの革命であった。フリードリヒ二世は、シチリア王国の中央集権的統治を強化し、政治制度の改革、自然科学の発展、文化活動の振興を実行することになる。

「カープア勅令」の第一五条に「放棄すべき特権について」De resignandis privilegiis がある。それによって、シチリア王国のすべての領主、聖職者、教会、都市はグリエルモ二世が亡くなった後に、いかなる者、いかなる組織から譲渡され、あるいは取得したものであれ、その所有に関する書類を財産管理局に提出しなければならなくなった。

実際のところ、グリエルモ二世死去後に土地や特権や称号を授与できたのは、ハインリヒ六世、タンクレーディ、コスタンツァ、そして教皇インノケンティウス三世以外にはいなかった。タンクレーディと教皇はもちろんのこととして、ハインリヒ六世とコスタンツァが譲渡した土地も王国に返還しなければならなくなった。

フリードリヒ二世は、シチリア王国の再建という観点から、とりわけ簒奪されていた王領の回収を徹底的におこなった。王領は、多くの伯領のほかに、テンプル騎士団やヨハネ騎士団の所領、王国出身ではない聖職者、謀反人の所領を併合して拡大された。他方、かれは教会が所有地を拡大するのを阻止するために、いわゆる死手譲渡を禁止した。死手譲渡の禁止とは、亡くなったものの土地を教会や修道院に寄付し、教会の所有地が拡大することを禁止するもので、ノルマン時代の法律の復活であった。

「放棄すべき特権について」には、城は国王が領主に委ねたもので、領主が国王の認可なしに建てた城は王家に譲渡するか解体することが記されていた。領主のなかで最も地位が高いのが、広大な所領と城塞を有する伯であった。アークイラ伯ルッジェーロは、スエッサ、テアーノ、モンドラゴーネの城をフリードリヒ二世に返還しなければならなかった。モンテ・カッシーノ修道院はエバンドロとアティーナの城塞を国王に明け渡した。

この措置は、オットー四世を支持し、フリードリヒ二世に敵対したにもかかわらず、ローマの戴冠式に出席した諸侯や聖職者に対して、とりわけ厳しいものであった。その一人が、フリードリヒ二世を裏切り、オットー四世を支持したモリーゼ伯チェラーノであった。モリーゼ伯はシチリア王国の北に広大な領地を有していた。フリードリヒ二世は、恭順の意を表したモリーゼ伯を許さず、ボラーノとロッカマンドルフィの二つの城への攻撃をアクイーノ伯ランドルフォに命じた。その城が陥落すると、モリーゼ伯はオヴィンドリ城に逃げ込み、徹底的に抵抗した。二年にわたる戦いによって、オヴィンドリ城はフリードリヒ二世に明け渡され、モリーゼ伯は追放された。

「メッシーナ勅令」

フリードリヒ二世は、約一ヵ月ほどカープアに滞在し、その後に南イタリアの諸都市を訪れている。そのときにかれが南イタリアで目にした印象によって、将来の活動拠点をプーリアとすることとなったと、ディヴィド・アブラフィアは指摘している。ただ、プーリアはノルマン朝の祖先がビザンツ帝国と戦い、拠点としたところであった。フリードリヒ二世が戦う相手を北イタリアの諸都市、教皇と定めたときに、シチリア島ではなく、南イタリアのプーリアを戦略的に拠点として選択したということも考慮しなければならない。

フリードリヒ二世は、一二二一年五月一三日、一八歳のときにドイツに向けて出発したシチリア島のメッシーナに上陸し、勅令を発布した。いわゆる「メッシーナ勅令」である。「カープア勅令」はシチリア島にも厳格に適用され、伯や聖職者に簒奪されていた王領を回収した。エンリーコ・マッツァーラ伯が所有していたマルタ島と、カターニア司教が所有していたチェファルーとカラタビアーノの城が没収された。自由に商業活動をおこなっていた都市は自立した活動を否定され、特権が剝奪された。

「カープア勅令」がシチリア王国の中央集権的支配の基本を明確にしたのに対して、「メッシーナ勅令」は宗教的・社会的な秩序にかかわるものであった。ノルマン時代のシチリア王国は人種的・言語的・宗教的・文化的な混合体であったが、その特徴はフリードリヒ二世の時代でも残っていた。シチリア島にはノルマン人・ラテン人のほかに、ギリシア人・ムスリム・ユダヤ人、そして少数であるが黒人奴隷も住んでいた。

シチリアのユダヤ人

シチリア島には古くからユダヤ人が住んでいたが、その数はムスリムと比較すれば少なかった。かれらは、パレルモ、メッシーナなどの大都市でシナゴーグを中心とする宗教的共同体を形成し、商人、職人として活躍し、とくに教会法でキリスト教徒に禁じられていた金貸し業を営んでいた。フリードリヒ二世は、金融業のほかに、生糸取引、生糸の染色をユダヤ人に独占的に認めている。

一二二三年にシチリア王国が攻撃したチュニジア南部にあるジェルバ島のユダヤ人はパレルモに連行され、ナツメヤシ、染料に使われるツマクレナイノキ、洋藍などをシチリア島にもたらした。北アフリカから連れてこられたユダヤ人は、シチリア島を去ったムスリムの労働力に代わるものであった。フリードリヒ二世は、ムスリムが耕作していた農地にユダヤ人を入植させ、ツマクレナイノキなどを栽培させている。

フリードリヒ二世のユダヤ人への対応は、基本的にはかれらの専門的な技術、地中海のコスモポリタンな世界で発展させた文化を重視するものであった。フリードリヒ二世は、ユダヤ人にヘブライ語の使用、ユダヤ教の信仰を認め、ユダヤ教徒を迫害することはなかった。ただ、ユダヤ教徒とキリスト教徒の違いを明確にし、キリスト教信仰の義務と慣習に混乱が生ずることを防ぐために、「メッシーナ勅令」で、またのちの「メルフィ法典」で衣服による区別を明示した。

ユダヤ人男性は黒い衣服に黄色の印を縫い付け、髭を生やすことが義務付けられた。娼婦は城門の外に住まねばならなくなり、キリスト教の女性と一緒に浴場を利用することが禁じられた。吟遊詩人や街頭芸人は風紀を紊《びん》乱《らん》する恐れがあるとして取り締まりの対象となった。

一二三一年の「メルフィ法典」において、フリードリヒ二世はユダヤ人とムスリムの保護を明確にしているが、キリスト教徒の権利と同じではなかった。たとえば、殺人者に対する判決で、殺されたものがキリスト教徒の場合は一〇〇アウグストゥス金貨、ユダヤ教徒とムスリムの場合は半額の五〇アウグストゥス金貨の罰金と定められ、キリスト教徒とユダヤ教徒・ムスリムの間には厳然とした差別が存在していた。

ムスリムの反乱

シチリア島におけるフリードリヒ二世の目的の一つがムスリムの反乱を鎮圧することであった。シチリア島に住むムスリムの数は一二二一年に二〇万人以上と言われ、ノルマン朝の成立によって多くのムスリムがシチリア島を去ったとはいえ、人口の大部分を占めていた。かれらはシチリア島西部の現在のアグリジェントを占領し、司教を捕らえていた。キリスト教徒と対立するムスリムは、指定された農地での生活を強いられた。それを拒否するムスリムは武器を持ってキリスト教徒と戦うしかなかった。

フリードリヒ二世は、一二二二年夏、パレルモ近郊のモンレアーレに住むムスリムとの戦いを開始した。かれらは、シチリアを支配したイスラーム勢力の子孫で、ノルマンの弾圧を逃れて、標高八五〇メートルに近い、山頂に張り付くように現在も残る家屋が存在する、パレルモの南西のプリッツィやヤートなどを支配していた。アラビア語で「司令官」を意味するアミールを名乗るイブン・アッバードは組織的な軍隊をもち、貨幣も鋳造していた。

一二二二年冬、フリードリヒ二世は南イタリアで過ごした。ところが、イブン・アッバードの攻撃を受けて、ヤートに駐留していたシチリア王国の部隊が全滅した。フリードリヒ二世は、南イタリアの領主たちも動員して、一二二三年にヤートへの総攻撃をおこなったが、ムスリムの抵抗は激しく、かれらが投降するのは二年後の一二二五年春である。フリードリヒ二世は、生き残ったムスリムを南イタリアのルチェーラに強制的に集団移住させた。その数は一万五〇〇〇人から、二万人であった。

フリードリヒ二世がムスリムと戦っていた一二二二年六月二三日、フリードリヒ二世とともにドイツから戻り、カターニアに留まっていた皇妃コンスタンサが亡くなった。フリードリヒ二世は、亡くなったコンスタンサをパレルモ大聖堂に埋葬し、彼女の棺に王冠を入れたといわれるが、それは母のような愛をもって尽くした彼女に対する感謝の意を表明したものであろう。

行政組織の改革

フリードリヒ二世は中央と地方の行政組織の改革を一二二一年から開始した。かれは、ノルマン朝の政治制度を踏襲する一方で、法にもとづく支配のために、司法官・行政官を中心とする行政組織に改組した。ただ、フリードリヒ二世時代の官吏と組織は、名称もときに応じて変化し、その権限もきわめて複雑である。フリードリヒ二世による行政改革については、阪上眞千子、榊原康文の優れた研究がある。関心のある方はそちらを参照いただきたい。

シチリア王国の行政組織は、大宮廷司法長官をつとめたドイツ騎士団団長ヘルマン・フォン・ザルツァによって改組された。それだけに、シチリア王国の行政組織はドイツ騎士団に類似したものとなり、「正義の教団」、「官吏の教団」と呼ばれた。フリードリヒ二世は、司法官の心得について次のように述べている。

司法官 justiciarius という名称とその権限は、法 jus と正義 justitia から構成されている。司法官はその名称によって法と正義に似たものになればなるほど、より真摯かつ熱心に法と正義を崇拝しなければならない。

フリードリヒ二世は、ノルマン朝の行政組織を継承しつつも、領主や貴族ではなく司法官を中心とする法と正義に基づく中央集権的国家の樹立をめざした。「国家は法律家であふれた」といわれたが、聖職者が宮廷から追放されたわけではない。パレルモ大司教ベラルド・ディ・カスターニャなど、フリードリヒ二世の側近として、かなりの数の聖職者がシチリア王国の行政に関与した。それは中世では一般的なことであった。

宮廷には、教会に属しない、国王の私的な宮廷教会が存在し、国王によって司祭に任命される、王室の祭礼をおこなうカペラーヌス、宮廷聖職者がいた。カペラーヌスは、ときには外交使節として派遣され、公式文書を作成する尚書でも働いている。時代は異なるが、一九世紀のブルボン朝支配のシチリア島で、トマージ・ディ・ランペドゥーサ著の『山猫』に登場するピッローネ神父は、教会ではなくサリーナ侯爵家に仕える司祭である。

司法官からなる官吏は、中央の最高機関である「大宮廷司法長官が主宰する法廷」マグナ・クーリア（大法廷、大宮廷）で働く行政全般を管轄する司法官と、地方の管区に派遣される司法官の二つのカテゴリーが存在していた。地方では一〇行政区域の皇帝代理法官長、シチリア島と大陸部の南イタリアの皇帝代理の法務官などがあった。

中央組織では司法官が裁判などの正義の行使を、財務官が財政、軍隊、城塞などの財務管理をおこなったが、財務官が他の行政部門で働くこともまれではなく、柔軟に運用されていた。地方の司法官は管轄区域をくまなくまわり、裁判や異端の探索もおこなった。地方の司法官は、管轄区域の住民との癒着を防ぐために、「清潔な手」が求められ、出身地以外で勤務することが定められ、一年ごとに異動がおこなわれた。かれらは管轄区域での財産の所有、商行為、任期中の管轄区域での結婚が禁止された。任期が終わると会計報告をおこなわねばならなかった。

官吏の多くはベネヴェント、カンパーニアの出身者であった。フリードリヒ二世は貴族だけを官吏にしたわけではなく、「素性よりも能力」を重視して、能力があれば市民でも採用している。阪上眞千子によれば、司法長官、司法官や初期の財務官にはバローネ身分の者が多いが、都市の商人が地方財務官職につくことも増えている。官吏に登用された司法官には、最高の地位にまで昇ることができる道が開かれていた。フリードリヒ二世は、シチリア王国の官吏を育成するために、ナポリ大学を設立するが、これについては後述する。

フリードリヒ二世の治世では、前述の側近団は廃止されないものの、重要性は弱まる。それに代わってシチリア王国の宮廷で重要な仕事を担うようになる官吏が尚書 Cancelleria である。尚書は、ノルマン朝の伝統を継承し、行政・立法・外交について国王の意志と方策などの公文書を作成する組織であった。尚書はフリードリヒ二世の絶対的な信頼を得た側近、たとえば後述する「シチリア派の詩」のメンバーであるピエール・デッラ・ヴィーニャやタッデーオ・ディ・スエッサが働く、外交も含めた行政全般にかかわる宮廷の重要機関となった。

フリードリヒ二世がローマで戴冠式を終え、シチリア王国に戻ると、尚書で働くものはすべてシチリア王国出身者となり、組織が強化された。尚書では一日に一〇から二〇の公文書を、羊皮紙で原本と写本の二つ作成している。一二三九年一〇月から一二四〇年五月までの約八ヵ月間に作成されたシチリア王国の内政・財政にかかわる公文書が約一〇〇〇通現存している。

三番目の股肱の臣ピエール・デッラ・ヴィーニャ

行政組織の改革にともない、官吏に採用され、尚書長官にまで上り詰め、フリードリヒ二世の全幅の信頼を得た人物がピエール・デッラ・ヴィーニャである。かれは、パレルモ大司教となっていたベラルド・ディ・カスターニャ、ドイツ人でドイツ騎士団団長のヘルマン・フォン・ザルツァに続く、三番目の股肱の臣である。フリードリヒ二世からみるとベラルド・ディ・カスターニャは一〇歳、ヘルマン・フォン・ザルツァは一五歳、それぞれ年長であったが、ピエール・デッラ・ヴィーニャはフリードリヒ二世とほぼ同年齢であった。

ピエール・デッラ・ヴィーニャは、カープアの貴族の出身で、ボローニャ大学で教会法とローマ法を学んだ。かれは、「カープア勅令」の発布の時期に、パレルモ大司教ベラルド・ディ・カスターニャの推挙で、尚書に採用された。

ピエール・デッラ・ヴィーニャ

中世にあっては、古代ローマの弁論術と同じく、修辞学と文体論などを学んだ文章作成術 ars dictandi が重視された。ピエール・デッラ・ヴィーニャのラテン語の文体は、古代末期の散文文体と出身地カープアの伝統的修辞学を結合した、非の打ちどころのない洗練されたもので、尚書のモデルとなった。フリードリヒ二世に卓越した才能を認められたピエール・デッラ・ヴィーニャは、短期間のうちに大宮廷裁判所の司法官、首席書記官に昇進し、尚書長官に上り詰めている。年代記作者のサリムベーネによれば、ピエール・デッラ・ヴィーニャはフリードリヒ二世から最大の評価である「特別の寵臣」quem maxime dilexit を与えられた。

中世ラテン語の「表現の達人」、「最高の美文家」であったピエール・デッラ・ヴィーニャは、カントーロヴィチによれば、「皇帝のあらゆる法律の起草者」、「皇帝の助言者、腹心の部下、いな、むしろ親しき友人」で、「皇帝に必要不可欠な存在」であった。ピエール・デッラ・ヴィーニャにとって、フリードリヒ二世はローマの皇帝であり、世界の皇帝であり、神が遣わした平和の君主であり、救世主であった。かれはフリードリヒ二世を「聖なるフリードリヒ」sanctus Fridericus と呼んだ。

一二三九年から激化する教皇庁との非難合戦で、帝国側の文書はすべてピエール・デッラ・ヴィーニャの手によるものであった。かれは、一二四三年に、ロゴテータ Logoteta（ビザンツ起源のノルマン時代の行政官の呼称だった）、「言葉の管理者」ordinatore delle parole となっている。ちなみに、ピエール・デッラ・ヴィーニャの友人で宮廷司法官のタッデーオ・ディ・スエッサの周りには、詩作に関心をもつ青年のグループが生まれ、フリードリヒ二世も加わった「シチリア派の詩」が誕生するが、これについては後述する。なお、ダンテの『神曲』の地獄編にピエール・デッラ・ヴィーニャが登場しているが、なぜかれがダンテによって地獄に落とされたかについては、本書の最後の方で明らかになる。

経済改革

シチリア島では、古代ローマ時代から続く穀物とともに、レモンなどの柑橘類が生産されていた。シチリア島は地中海の十字路という地の利によって、古くから東西の交易の中心地として栄えた。

ドイツから戻ったフリードリヒ二世は、商業を国営化し、商船隊を編制し、対外的にも活発な経済活動を開始した。フリードリヒ二世は、自治を要求して王権に歯向かう都市を徹底的に弾圧し、北イタリアのような自治都市を認めなかった。

フリードリヒ二世は、阪上眞千子によれば、「通商を王権のコントロール下におき、王権を商業や諸産業において唯一の企業家として確立させようとした」。その経済改革が本格化するのは一二三一年に発布される「メルフィ法典」以降のことで、ここでは「カープア勅令」にともなう重要と思われる改革だけを述べておこう。

フリードリヒ二世は、塩・鉄・鋼・絹・麻・染色などの産業を国家の独占とし、王領の農地で農奴を使って穀物を生産し、それを売って収益をあげた。かれは、一二二四年に一時的ではあるがシチリア王国の穀物輸出を禁止し、価格が暴落した穀物を買い占めて、多大な利益を上げた。フリードリヒ二世は、港湾都市に領事館、倉庫、商館を所有していたジェノヴァ人の特権を剝奪したが、それによって倉庫管理人、商館管理人、港湾管理人などの下級官吏が誕生した。

デナリウス denarius という統一通貨の銀貨が新しく導入された。住民はその銀貨と古い貨幣を王室に有利な条件で兌換させられた。強制的な兌換は、国庫を満たしただけではなく、銀貨を中心とするヨーロッパの経済圏にシチリア王国を組み入れることになった。

フリードリヒ二世は、従来は例外的に徴収されていたコレクタ（直接税）を一二二三年から必要に応じて二年おきに徴収した。一二三五年以降は北イタリアの諸都市との戦いのために、コレクタが毎年徴収されることになる。フリードリヒ二世は、調達すべき総額を確定し、地方司法官が各地方の分担額を決定し、徴税官が税金を徴収した。この措置はシチリア王国に税制の統一をもたらすことになる。

艦隊の創設

フリードリヒ二世は、ジェノヴァ人をシチリア島から追放し、シチリア王国の海軍の拡充に着手した。フリードリヒ二世は最初は外国の船を購入するか、賃貸で船隊を編制したが、船員の調達や造船用の木材の供出などを定めていたノルマン時代の古い法律を復活させ、造船を開始した。それによって、ジェノヴァとピーサなどに頼ることなく、シチリア王国の船団が金色の地に白鷲のシュタウフェン家の旗を掲げて、シリア、エジプト、チュニスを航行することになる。

海岸と港の防衛の責任者や軍事艦隊の司令官にはジェノヴァ人が任命されることが多かったが、フリードリヒ二世はシチリア王国の艦隊を短期間に編制し、その司令官にシチリア人のエンリーコ・ディ・マルタを任命した。商船隊の組織化とともに、ムスリムの海賊の侵入を阻止するために、港の突堤や城塞が整備された。フリードリヒ二世は、国内の反乱と外からの攻撃に備えて、南イタリア、シチリア島で数多くの城、沿岸の監視塔、城塞を建立している。その建築責任者にはイェルサレムで築城の経験のあるテンプル騎士団員とヨハネ騎士団員がなり、ドイツ騎士団員が指揮した。徴兵は、領主が提出した名簿によるもので、その名簿は、兵士の徴募だけでなく、城塞、造船所、艦隊の管理要員の動員にも使用された。

ナポリ大学の創設

フリードリヒ二世は、「カープア勅令」で諸侯や聖職者の裁判権を否定し、法律の知識のあるものを司法官に任命した。フリードリヒ二世は、大宮廷裁判制度の導入との関連で、司法官の養成のために、一二二四年、「ストゥディウム・ゲネラーレ」Studium generale という一般学問所をナポリに設立した。それは、現在のフリードリヒ二世の名前が冠されたフリードリヒ二世ナポリ大学 Università degli Studi di Napoli Federico II の起源となるものである。フリードリヒ二世がシチリア王国の首都パレルモではなく、ナポリに「ストゥディウム・ゲネラーレ」を設置したのは、シチリア王国の行政の拠点としたフォッジアに近いということがあった。

「ストゥディウム・ゲネラーレ」の設立以前に、ナポリには法律を教える官吏養成の私塾のようなスコラ scholae が存在していた。フリードリヒ二世は、シチリア王国に存在する多様な私塾を廃止して、官吏を育成する「公法と地方法を教育科目の中心」とする「ストゥディウム・ゲネラーレ」をナポリに創設し、優秀な学生を集めるために宿舎を設置し、奨学金の貸与などもおこなった。「ストゥディウム・ゲネラーレ」で学んだ一人に、『神学大全』で知られるスコラ学の神学者で、ローマ教会の神の使いのような天使的博士となるトマス・アクィナスがいる。「ストゥディウム・ゲネラーレ」で学んだものは、多くが宮廷の尚書部門で文書係としての専門的訓練を受け、宮廷裁判所の試験を受けて、司法官に任命された。

「ストゥディウム・ゲネラーレ」は、ヨーロッパ中から著名な学者を招聘した。たとえば、ローマ法のロッフレード・ディ・ベネヴェント、教令集のバルトロメーオ・ピニャテッリ、自由七科のテッリージオ・ディ・アティナ、アリストテレス自然学のカタルーニャのアルルナルド、自然学の「教師の宝玉にして徳の月桂冠」と同時代人が称賛したアイルランドのペトルスなどがいた。

フォッジアを拠点とした理由

ドイツから戻ったフリードリヒ二世は、ムスリムの反乱を鎮圧し、シチリア島の支配体制を確立するために、シチリア島に滞在する時間が多かった。ムスリムの反乱を鎮圧した後、フリードリヒ二世の活動の舞台は南イタリアに移った。シチリア王国の公的な首都であったパレルモは名目上の首都となり、特権的な地位をしだいに失っていくことになる。

フリードリヒ二世はフォッジアを活動の拠点とし、宮殿などを建設し、多くの時間を過ごしたが、シチリア王国の宮廷がフォッジアにあったわけでもない。フリードリヒ二世は遍歴の王として、かれが行くところに王宮があった。とりわけ、一二三〇年代後半から、北イタリア諸都市との戦争のために、フリードリヒ二世は軍を率いて頻繁に移動するが、それにともなって宮廷も移動した。それは、フリードリヒ二世に限らず、中世の王たちに共通するもので、いわゆる遍歴の王の宮廷であった。

フリードリヒ二世に同行した尚書が発した公文書には発行場所と発行年が記されており、かれの滞在地と期間を知ることができる。ただ、かれが狩りのために少数の家臣を従えてプーリアの城に滞在したときは、尚書や宮廷はフォッジアに留まっていた。あの有名なカステル・デル・モンテで発布された公文書はないが、それはフリードリヒ二世がそこを一度も訪れなかったというわけではない。かれは、尚書をともなうことなく、最大の趣味である鷹狩りを満喫したのであろう。

フリードリヒ二世がフォッジアをシチリア王国の拠点に選んだことには、帝国へのシチリア王国の統合という目的のために、北イタリアの諸都市との戦いを見越した戦略的な意味があった。シチリア島西部のパレルモからは、ドイツはもちろんのこと、北イタリアは遠すぎた。「遠隔の地」パレルモから北イタリアへの、軍隊を率いた移動には時間を要したばかりでなく、海上の航行は季節に左右された。フォッジアからであれば、陸続き北イタリアへの出陣は容易であった。

フォッジアの宮廷

フォッジアの宮廷には約二〇〇人の官吏が働いていたという。そこでは法律家が重用されていたにもかかわらず、つねに中世的で騎士的であったと、カントーロヴィチは記している。

宮廷には近侍《きんじ》の集団が存在していた。近侍とは皇帝の身の回りの世話をする小姓のことである。フリードリヒ二世に仕えた近侍の多くが南イタリアの貴族の子弟で、宮廷で騎士教育を受けた。かれらは、一四歳まで修道院で教育を受け、フリードリヒ二世の近侍として宮廷に入った。近侍には俸給として月に六オンスが与えられ、三名の従者と三頭の馬を持つことができた。かれらの仕事は、賓客の接待、馬、豹、鷹などの世話、厩舎の管理と多様である。かれらは騎士の腰帯を獲得するまで宮廷に留まるが、騎士になると、生家に戻るか、騎士あるいは官吏として宮廷に残るかを選択した。

ナポリの貴族であるカラッチョロ家のランドルフォは近侍を経て、ナポリ大学の学生司法官、トスカーナの皇帝代理となっている。アックアヴィヴァ家のベラルドはシチリア島の司法官、フィランジェーリ家のリッカルドは南イタリアの司法的機能と軍事的機能の両方を有したと思われるカピターニになっている。ベイルート出身のヨハン・ディベリン、ウィーンから連れてこられたホーヘンブルク侯爵のベルトルドとゴッフレードもいた。

近侍のなかには、フリードリヒ二世を失望させたものもいた。カスティーリャ王国のフェルナンド三世の息子フェデリーゴは、一二四〇年に近侍として宮廷に入ったが、フリードリヒ二世がリヨンの公会議で廃位を宣告されると、フリードリヒ二世に敵対するミラノに逃亡している。尚書長官ピエール・デッラ・ヴィーニャが書いた父親フェルナンド三世宛の書簡には、フェデリーゴが「宮廷で享受する名誉と地位を顧みない」、と記されている。

フリードリヒ二世は、嫡子・非嫡子をとわず、息子たちをフォッジアの宮廷で、近侍とともに育てている。一二三二年に生まれた非嫡出子のマンフレーディは父親の趣味である鷹狩りを補佐し、自然科学、哲学を学んでいる。カール大帝は男子と同様に女子にも教育を授けたと言われるが、フリードリヒ二世が女子にどのような教育をおこなったかはわからない。ただ、かれは女子に配慮しなかったわけではなく、信頼する家臣と結婚させている。

ルチェーラに集団移住させられたムスリム

フォッジアに近いルチェーラに、強制的に集団移住させられたシチリア島のムスリムは、シチリア島のイスラーム世界から切り離されたが、フリードリヒ二世の保護のもと、モスクの建設、イスラーム教の礼拝、自由な経済活動が認められた。ムスリムの女性はルチェーラの王室作業場で羊毛を紡ぎ、軍人用の衣類を作製し、絨毯や壁掛けを織った。男性は農業を営み、乗馬の鞍、鎖帷子《くさりかたびら》、石弓などを製作するとともに、フリードリヒ二世の親衛隊として、北イタリアの諸都市で戦うことになる。

ルチェーラに強制移送されたムスリムについて、ジューリオ・カッターネオは次のように記している。

シチリア島から反抗的な集団を一掃し、同時に大集団の親衛隊を設立したのは、フリードリヒの類まれな着想であった。モスクとともにムスリムの街が誕生した。そこでは、アラブ人の固有の職業である武器の製造、刺繍、製陶などがおこなわれた。それは、囲い地と牢獄の中間的なものであった。キリスト教徒の国で孤立したムスリムは、自分たちの保護者であるフリードリヒ二世に忠誠を尽くした。

ルチェーラに強制移住させられたムスリムのなかには、生まれ故郷のシチリア島に帰るために逃亡を企てたものもいたが、アイデンティティにおいて、シチリア人からしだいにプーリア人になった。

フリードリヒ二世は、反乱を企てたムスリムを徹底的に弾圧したが、みずからの支配に有益と考えれば、イスラーム教の信仰を否定することなく、キリスト教への改宗を要求することもなかった。ただし、フリードリヒ二世は、ルチェーラに強制移住させたムスリムをキリスト教に改宗させるようにドミニコ修道会士に命じたという指摘もある。

ローマ教会としては、シチリア王国のなかにムスリムの共同体が存在することは、忌まわしいことであった。だが、フリードリヒ二世は、ムスリムの存在を理由にルチェーラ司教が町を離れざるを得なくなったことを咎める教皇の抗議について気にすることはなかった。フリードリヒ二世がムスリムに寛大に対応したことで、かれがムハンマドの宗教に改宗するのではないかと、キリスト教徒から言われた。その風評は、のちにフリードリヒ二世を異端として攻撃することになる教皇側の宣伝によるものであった。フリードリヒ二世は、利用できるものはすべて利用し、敵対する者は徹底的に壊滅する、一貫した方針をもっていた。それはユダヤ人に対しても同じであった。なお、アンジュー家支配時代の一三世紀後半にルチェーラで生じた紛争を、ナポリ王国における封建領主の台頭との関連で論じた中谷良の優れた研究があることを記しておこう。

ハーレムは存在したか

フォッジアの宮廷にはドイツや、イスラーム世界からの使者が数多く来訪した。宮廷は政治の中心であったばかりでなく、多様な文化交流の場でもあった。マッテーオ・パリスの年代記によれば、特別の賓客には、ムスリムの男女が玉乗りのような曲芸、音楽の演奏、アラブのダンスを披露した。フリードリヒ二世は賓客を饗するために、アクロバットのような踊りをするムスリムの「踊り子」を北アフリカから連れてくるように、指示している。

フォッジアにオリエントから踊り子たちが集められたことで、宮廷にハーレムが存在するという噂が流れた。ノルマン王のルッジェーロ二世の宮廷でも、織物をするムスリムの女性が存在していたことから、ハーレムが存在していたと言われた。教皇側は、後述するリヨンの公会議の時期に、フォッジアの宮廷にはハーレムが存在するとして、フリードリヒ二世を批判している。この批判を、皇帝の特使であるタッデーオ・ディ・スエッサは断固として否定している。

フリードリヒ二世がドイツや北イタリアの諸都市に移動するとき、王室の官吏とともに、ムスリムの男性からなる親衛隊、皇帝の身の回りの世話をするムスリムの女性や宦官が随行した。アッシジの司教ニコーラ・ダ・カルヴィは、フリードリヒ二世がムスリムの女性を「皇帝の娼婦」とし、宦官に監視させたと記している。フリードリヒ二世が宮廷に住まわせたムスリムの女性と性的関係を持つことは可能であったが、ハーレムの存在は最近の研究では否定されている。

フリードリヒ二世は、当時最先端の文化を有していたイスラーム世界に格別な関心をもっていた。ただ、かれがイスラーム教を深く理解していたわけではない。フリードリヒ二世の宗教心の形成は、聖職者に日々の宗教的実践を教えられ、旧約聖書を使ってラテン語を学んだパレルモの幼年時代である。長じて、フリードリヒ二世はみずからをキリスト教の王と見なし、みずからの権威が神から直接に与えられたものであるという理念は揺るぎないものであった。

コーランのラテン語への翻訳が一二世紀初頭から始まっているが、それはシチリア王国ではなくスペインにおいてである。この翻訳の目的は、イスラーム教徒をキリスト教徒に改宗させるためで、イスラーム教を理解し、広めるためではなかった。フリードリヒ二世時代、ヨーロッパではイスラーム教をキリスト教の異端の異形ととらえ、本物の宗教とは見なしていなかった。ちなみに、ダンテは、ムハンマドを異端の偽預言者として、地獄に位置付けている。

フリードリヒ二世の宗教性

フリードリヒ二世は教会建築に関心がなかったと言われるが、それは正しくない。かれは、南イタリアではアルタムーラの大聖堂、コセンツァの教会、シチリア島ではレンティーニのムルゴ聖堂、メッシーナのサンタ・マリーア・デッラ・ヴァーレ教会などを建立、あるいは着工している。

ただ、フリードリヒ二世は過ちを悔いることにも、聖遺物にも大きな関心を示さなかった。しかし、そのことはフリードリヒ二世が良きキリスト教徒ではなかったということを意味するものではない。フリードリヒ二世は、シトー派修道会の理念に共鳴し、カラーブリアでシトー派の修道院長ジョアッキーノ・ダ・フィオーレが開設したサン・ジョヴァンニ・イン・フィオーレの修道院を支援している。かれはシトー派修道会の世俗の信者である助修士を建築や農業の専門家として使用し、死に際してはシトー派の長上着を着て、破門を解かれようとした。たしかに、フリードリヒ二世は、神や天使と同様に、天国、煉獄、地獄について関心を示したが、それは宗教に対する疑問や懐疑からではなく、かれの知的好奇心によるものであった。

フリードリヒ二世は教会の守護者という伝統的な義務に従って行動し、イェルサレムをキリスト教徒に取り戻したことで神の前で称賛を受けると信じていた。フリードリヒ二世はキリスト教を否定する、近代的な「自由精神の持ち主」ではなかったことは確かである。

研究としての鷹狩り

フリードリヒ二世にとって、鷹狩りは趣味を超えた、研究といえるものであった。たしかに、狩猟は中世の国王たちが好んだ一種のスポーツのようなもので、フリードリヒ二世だけに特筆されるものではない。多くの勢子《せこ》を使った狩猟は社交であり、権力を誇示し、騎士の能力を競うものであった。

しかし、フリードリヒ二世にとって、鷹狩りのみが国王にふさわしい狩りの方法であった。中世初期の大規模な狩猟場の狩りは、騎士の新しい宮廷作法と連動して、猛禽類、とくに訓練された鷹を使ったものへと部分的に取って代わった。狩り用の鷹の価格は、一つの農園を買えるほど高価であった。

フォッジアには、巨大な宮殿のほかに、水鳥が飛来する池や、動物園がつくられた。そこでは、象、ライオン、豹、チーター、オオヤマネコ、ヒトコブラクダ、クマ、サル、キリンなど多様な動物のほかに、オウムやフクロウなどの鳥類が飼われていた。

フリードリヒ二世は、一二三五年六月、ドイツのヴォルムスで、フォッジアの動物園で飼育されていた、珍しい動物や鳥類を引き連れて行進した。ヴェローナには象、ラクダ、チーターを連れていっている。フリードリヒ二世に忠誠を尽くすクレモーナには一頭の象を与えた。象の背中には木枠で囲まれた荷台が置かれ、トランペットやタンバリンを音楽隊が奏でているのが、マッテーオ・パリスの年代記に描かれている。

二度目の結婚

一二二二年六月に皇妃コンスタンサがカターニアで死去した直後、イェルサレム王国の王位継承者であるイザベル・ド・ブリエンヌとの婚約が発表された。この結婚をフリードリヒ二世に勧めたのはドイツ騎士団団長のヘルマン・フォン・ザルツァのようである。

フリードリヒ二世は、イェルサレム王国の王冠は特別の栄誉をもたらすというドイツ騎士団長の提案に従い、この結婚を受け入れた。新婦のイザベル・ド・ブリエンヌはこのとき一四歳にもなっておらず、新郎のフリードリヒ二世は三〇歳を超えており、この結婚も大きな年齢の開きがあった。

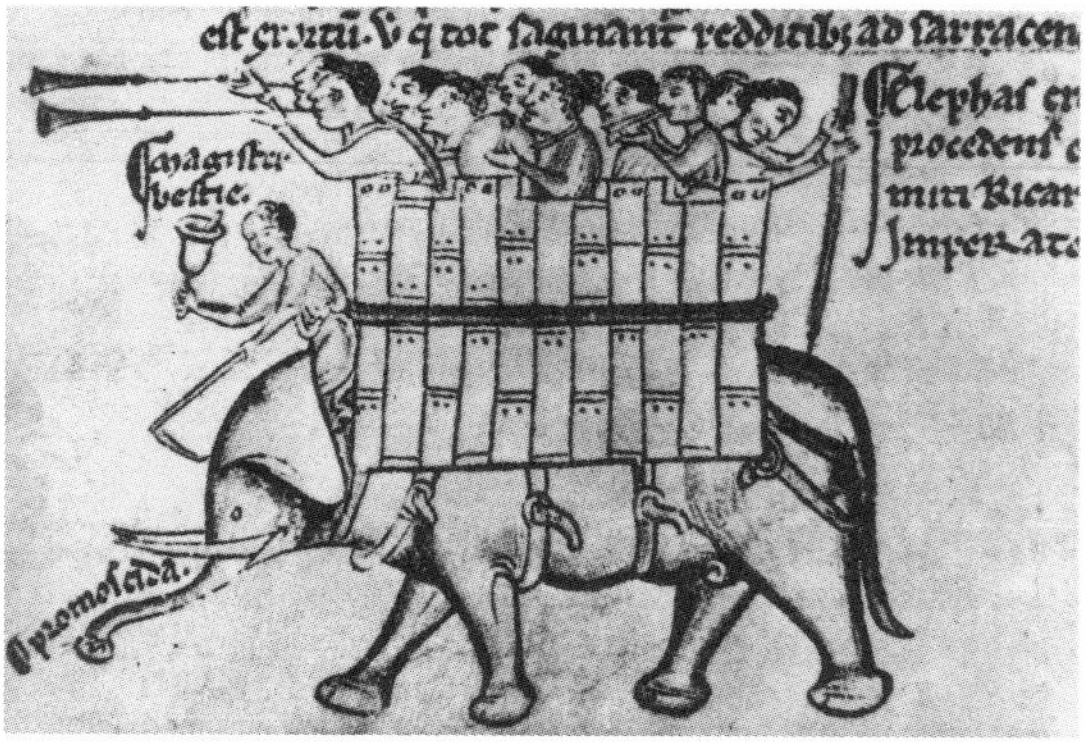

マッテーオ・パリスの年代記にあるフリードリヒ２世軍とともに行進する象と楽隊

イザベル・ド・ブリエンヌとの結婚式が、一二二五年一一月、ブリンディジの大聖堂でおこなわれ、フリードリヒ二世はイェルサレム王の称号を帯びることになる。フランスの年代記には、フリードリヒ二世が、幼い新婦に冷ややかで、初夜は新婦の従姉妹と過ごし、義父ブリエンヌ伯ジャンの怒りをかったと記されている。

フリードリヒ二世は、イザベル・ド・ブリエンヌの父ブリエンヌ伯ジャンに娘の摂政の地位を放棄することを要求した。しかし、ブリエンヌ伯ジャンはイェルサレム王国の摂政にとどまり、フリードリヒ二世に対抗しようとしたことで対立が生じた。

イザベルは常にフリードリヒ二世に付き添い、シチリア王国の年代記によれば、一二二六年末と一二二七年初頭にはプーリアでフリードリヒ二世と共に過ごしている。しかし、イザベル・ド・ブリエンヌは、一二二八年四月二五日、のちにドイツ王となるコンラート四世を産んだ直後に亡くなった。

フリードリヒ二世と女性たち

フリードリヒ二世は、最初にアラゴンのコンスタンサ、続いてイェルサレムのイザベル・ド・ブリエンヌと結婚したが、三番目に、後述するイングランド王の妹で前妃と同じ名前のイザベルと結婚することになる。

フリードリヒ二世は、ノルマン朝の王たちと同じく、正式の婚姻外で多くの女性との間に子どもをもうけている。フリードリヒ二世には、嫡子の数をはるかに超える非嫡出子がいた。それは、かれがイスラーム教徒のように一夫多妻を望んでいたからではなく、王家の後継者と発展を確実にするためであった。かれは、血のつながりある男子を戦略的に配し、女子は各地の有力者と結婚させている。

最初の妻コンスタンサがハインリヒ七世を身ごもっていたとき、フリードリヒ二世はシチリアの貴族の女性との間に、自分と同じ名前のフリードリヒをもうけている。さらに、フリードリヒ二世は、ドイツ滞在中に、ドイツ人のアデライデとの間に、エンツォという男子とカテリーナという女子をもうけている。エンツォは重要な参謀としてフリードリヒ二世を支えることになる。フリードリヒ二世は一二二〇年代前半に何人かの非嫡出子を得ている。一人はフェデリーコ・ディ・アンティオキアと呼ばれるが、地名のアンティオキアとは関係なく、南部イタリア出身の母親の家族名であろう。かれは、トスカーナの総皇帝代理に任命され、フリードリヒ二世を支えた。

フリードリヒ二世と長く、とりわけ緊密な関係にあった女性がビアンカ・ランチャである。彼女は、一二二〇年頃からフリードリヒ二世に仕えたマンフレーディ・ランチャ伯の姪とおもわれる。ビアンカ・ランチャは一二三二年にマンフレーディを産んだ。かれは、フリードリヒ二世と顔かたちがよく似ていたと言われる。

V

一回目の破門と十字軍遠征

第五回十字軍とフリードリヒ二世

ハンガリー王アンドラーシュ二世とオーストリア公レオポルト六世は、一二一七年に、十字軍を率いて出発していた。第五回十字軍である。この十字軍には、エジプトのスルタンにキリスト教を宣教するために、アッシジのフランチェスコが随行していた。

ハンガリー王アンドラーシュ二世は、参加した諸侯との対立が原因で、途中で十字軍を離脱した。残存部隊は、イェルサレム王国を征服していたアイユーブ朝の本拠地であるエジプトへの攻撃をおこないながら、フリードリヒ二世の援軍の到着を待っていた。

フリードリヒ二世は、尚書グアルティエーロ・ディ・パリアーラ率いる四〇隻近い船団をナイル河の東側にあるダミエッタに派遣した。しかし、それが到着する前に、十字軍はナイル河上流に移動し、不十分な戦力でカイロを攻略しようとした。エジプト人は、水位の上がり始めたナイル河の堤防を破壊し、第五回十字軍は一二二一年八月、ダミエッタで手痛い敗北を喫した。

フリードリヒ二世は、シチリア王国の再建を口実に、教皇ホノリウス三世と約束した十字軍の派遣を先送りにしていた。フリードリヒ二世にとって、優先順位は十字軍遠征ではなく、八年にわたって留守にしていたシチリア王国の再建であった。フリードリヒ二世は、シチリア王国における支配を確実にする前に、十字軍遠征をおこなう気はなかった。

教皇ホノリウス三世は、ダミエッタにおける第五回十字軍の大敗に直面して、十字軍に参加しなかったフリードリヒ二世に破門をつきつけた。フリードリヒ二世は教皇ホノリウス三世と会談し、一二二五年六月の出発を約束したが、それも延期した。そのとき、フリードリヒ二世は、十字軍遠征を遅らせる理由をシチリア島のムスリムの弾圧とした。教皇ホノリウス三世としては、ムスリムの支配するシチリア島をキリスト教世界に取り戻したノルマン王朝のことを考えれば、フリードリヒ二世の言い訳を否定することはできなかった。

フリードリヒ二世はドイツ騎士団団長のヘルマン・フォン・ザルツァにドイツで十字軍参加者を徴募させたが、一一九〇年に「赤髭王」が十字軍遠征中に亡くなったこともあり、十字軍に対する熱狂も消えて、準備は容易に進まなかった。教皇ホノリウス三世は、一二二五年にサン・ジェルマーノで、フリードリヒ二世に十字軍遠征の出発を一二二七年八月まで猶予した。その際に、フリードリヒ二世は、まず一〇〇〇人の騎士を先遣隊として出発させ、続いて二〇〇〇人の騎士と一五〇隻の船、金一〇万オンスを用意するということとなった。この誓約を実行しない場合は、直ちに破門となることに、フリードリヒ二世は合意した。

だが、フリードリヒ二世が十字軍遠征を遅らせた真の理由は、北イタリアの反皇帝派の都市を威嚇することであった。

「帝国へのシチリア王国の統合」の試み

教皇ホノリウス三世に十字軍遠征の二年の延期が認められると、フリードリヒ二世は、一二二六年の復活祭に北イタリアのクレモーナで諸侯会議を開催することを宣言した。フリードリヒ二世は、イタリアとドイツの諸侯、北イタリア・中部イタリアのポデスタなどを召集した。フリードリヒ二世の息子でドイツ王のハインリヒ七世も参加する予定であった。

そのときまで、フリードリヒ二世はイタリア王国、すなわち帝国領の北イタリアでは具体的な行動はとっておらず、慎重なものであった。かれは、シチリア王国再建の見通しがついたところで、「帝国へのシチリア王国の統合」の小手調べとして、クレモーナでの諸侯会議を決定したと思われる。

教皇インノケンティウス三世も、教皇ホノリウス三世も、一人の人間が皇帝とシチリア王を兼ねることを認めず、反対していた。とりわけ、教皇インノケンティウス三世は、皇帝になったオットー四世が舌の根も乾かないうちに、シチリア王国の征服を開始したこともあり、ドイツ王の選出に介入し、シチリア王国と帝国の分離を推し進めた。フリードリヒ二世は、帝国へのシチリア王国の統合の意思のないことを幾度も教皇インノケンティウス三世に誓約していたが、実際にはその準備を慎重にすすめていた。

フリードリヒ二世がロンバルディーア の皇帝派の拠点であるクレモーナで諸侯会議を開催することは、ミラノを中心とする反皇帝の都市同盟を強く刺激した。前述したように、自治を要求する北イタリアの諸都市と帝国の対立は、「赤髭王」の時代にまでさかのぼる。「赤髭王」との戦いに勝利したミラノが主導する北イタリアの諸都市は、一一八三年にコンスタンツの和議によって都市同盟を結成する権利を獲得していた。

神聖ローマ帝国に対するロンバルディーア都市同盟の勝利は、「赤髭王」の面目を著しく傷つけた。そのことが、フリードリヒ二世の誕生につながるシュタウフェン家とアルタヴィッラ家の姻戚関係を導いたのであった。

フリードリヒ二世は、「赤髭王」が都市同盟に敗北したことの雪辱戦として、ドイツ諸侯、クレモーナ、パルマ、パヴィーアといった皇帝派の都市、シチリア王国の軍事力を背景にして、ロンバルディーア都市同盟の制圧を探り始めた。フリードリヒ二世は、圧倒的な軍勢を誇示することでロンバルディーア同盟と戦わずして勝利を収め、帝国の権利を回復することを、安易に想定していたのかもしれない。

教皇ホノリウス三世にとって、フリードリヒ二世が北イタリアの諸都市を制圧することになれば、中部イタリアの教皇領が北の帝国と南のシチリア王国に挟まれることになり、そのことは教皇領の安全保障のために絶対に回避しなければならなかった。それは教皇庁の揺らぐことのない方針であった。というのも、教皇領が帝国に脅かされ、イタリア半島が帝国の支配地となれば、教皇庁は自由を奪われ、帝国に従属することになるからである。その意味で、ロンバルディーア都市同盟は、ローマ教会にとって、帝国へのシチリア王国の統合を阻止しえる強力な堡塁であった。そのために、教皇はミラノを中心とする都市同盟を背後で支援し、帝国の北イタリア支配を阻止しようとしたのである。

クレモーナに向けて出発

クレモーナの諸侯会議の議題には異端の討伐があった。フリードリヒ二世は神により授けられた教会の守護者というみずからの役割を強調し、皇帝に逆らうものを異端とみなしていた。フリードリヒ二世としては、「異端の毒がしみ込んだ」ミラノの「不敬虔な自由の若木を根扱ぎ」にしなければならなかった。フリードリヒ二世は、一二二四年三月、教会によって異端とされたものを、世俗の裁判所で焚刑とするという勅令を出していた。

フリードリヒ二世は、シチリア王国の諸侯、皇帝の親衛隊であるムスリムの親衛隊からなる軍勢を率いて、フォッジアを出発した。フリードリヒ二世は、途中の教皇領のスポレート公国とアンコーナ辺境伯領で税を徴収し、力ずくで食料を調達した。フリードリヒ二世はスポレート公国とアンコーナ辺境伯領を教会から取り戻そうと考えていた。

教皇ホノリウス三世は、教皇領を侵害するフリードリヒ二世に対して、幼少のときから皇帝になるまで教会が保護し、大人にしたのが悔やまれる、いつまで私たちの忍耐力に付け込むのだ、と述べたという。フリードリヒ二世の返答は「教会の所有地を完全に尊重したいと思うが、帝国の権利もそのまま保持したい」と、その地の皇帝権を主張するものであった。

フリードリヒ二世は、「カープア勅令」の「奪われた権利の回復」を教皇領にも当てはめようとしたのである。

フリードリヒ二世と教皇の関係は、繰り返される十字軍遠征の延期、中部イタリアの教皇領への侵入のほかに、シチリア王国の「教皇代理権」の問題でますます悪化した。

シチリア王国には当時二一名の大司教と一二四名の司教がいた。母コスタンツァが教皇インノケンティウス三世と結んだ協定では、シチリア王の権限は司教座聖堂参事会が選出したものに同意を与えることに限られていた。しかし、フリードリヒ二世は、シチリア王国の聖職者の任命権は国王に属するものとして、自分の推薦するものの選出を強要した。

フリードリヒ二世は、一二二五年九月、教皇ホノリウス三世が選んだ五人の司教と大司教の着任を阻止した。フリードリヒ二世は、教会財産の浪費などを理由に、チェファルー司教アルドゥイヌスとターラント大司教ニコラウスを停職としていた。下級聖職者は、教皇に忠実であるという理由だけで、大量に投獄されていた。フリードリヒ二世は、すべての聖職者に対して教会ではなく自分に忠誠を誓わせようとし、それに従わないものをシチリア王国から追放することを表明していた。最終的には、教皇ホノリウス三世が折れて、フリードリヒ二世が受け入れることができる司教を任命した。

中止されたクレモーナの諸侯会議

クレモーナの諸侯会議に脅威を感じたミラノは、一二二六年三月六日、いわゆる第二次都市同盟を結成した。都市同盟に加わっていたヴェローナは、ドイツ王ハインリヒ七世やドイツ諸侯がクレモーナに向かうことを阻止するために、狭隘なアディジェ渓谷を封鎖した。フリードリヒ二世は、この通行妨害で、ヴェローナを帝国の敵として、大逆罪を宣言した。フリードリヒ二世の行動は神と教会のためであり、都市同盟の抵抗は破門に値するものであった。クレモーナの諸侯会議は復活祭から五〇日目の聖霊降臨祭に延期され、結局開催されなかった。

教皇ホノリウス三世は、フリードリヒ二世とロンバルディーア都市同盟の仲介役として、両者に受け入れられる提案をおこなった。それは、フリードリヒ二世が都市同盟に寛大に対応し、ロンバルディーア都市同盟は十字軍に四〇〇人の騎士を提供し、敵対関係に終止符を打つことであった。困難な交渉を経て、最初は躊躇していたフリードリヒ二世も、教皇の仲介案を受け入れた。ロンバルディーア都市同盟は、ドイツ諸侯の南下を阻止するためにアルプスの道を閉鎖したことの償いとして、教皇の提案どおりに十字軍に四〇〇名の騎士を派遣することになったが、それは実行されなかった。フリードリヒ二世は、一二二六年七月、なんの成果もなくシチリア王国に戻った。

教皇グレゴリウス九世とフリードリヒ二世

教皇ホノリウス三世は、フリードリヒ二世とロンバルディーア都市同盟を仲裁した後、一二二七年三月一八日に亡くなった。教皇ホノリウス三世の葬儀が終わった直後、教皇選出の枢機卿会議、コンクラーヴェが開催された。新しい教皇には政治力のある有能な枢機卿のオスティア大司教ウゴリーノが選出され、教皇グレゴリウス九世となった。かれは、教皇インノケンティウス三世の甥で、叔父と同様に教会法に詳しく、外交能力に秀でて、枢機卿のなかでも支配的な人物であったが、八〇歳の高齢であった。教皇グレゴリウス九世は、枢機卿時代に教皇インノケンティウス三世の代理として、ドイツ王になったフリードリヒ二世に会っている。アーヘンでのドイツ王の戴冠式、ローマでの皇帝の戴冠式にも立ち会っている。

フリードリヒ二世は、温厚な教皇ホノリウス三世に何かと口実をつくって、約束した十字軍遠征を幾度も延期したばかりでなく、ロンバルディーアの諸都市に対して皇帝権を強化し、中部イタリアの教皇領を強奪しようとした。教皇グレゴリウス九世は、ローマにも侵攻しかねない、教会の恐るべき敵となりつつあったフリードリヒ二世に大きな危機感を抱いていた。フリードリヒ二世は、いまや教会の「愛し子」ではなく、帝国の権利を拡大する教会の脅威的な存在となりつつあった。

フリードリヒ二世は、教皇グレゴリウス九世から、一二二七年の「約束の八月にシチリア王国の港からイェルサレムに向けて十字軍を出発させねばならない」と脅迫的な督促を受けていた。フリードリヒ二世には、イザベル・ド・ブリエンヌと結婚したことで、イェルサレム王としての戴冠もあり、十字軍遠征を遅らせる理由は見当たらなかった。

スルタンの使者

「第二のモーセ」と讃えられた「赤髭王」は、十字軍遠征中の一一九〇年六月にアナトリアの南東部を流れるサレフ川で溺死した。父ハインリヒ六世もイェルサレムに向かうことなく亡くなった。フリードリヒ二世は、シュタウフェン家の皇帝が果たせなかったイスラームからのイェルサレム奪還を目指すことになる。

フリードリヒ二世の宮廷に、一二二七年初頭、アイユーブ朝のスルタンのアル・カーミルの使者が訪れた。アル・カーミルの使者は、シリアとイラク北部を支配し、エジプトへ攻撃をしようとしていたアル・カーミルの弟アル・ムアッザムに対抗するために、フリードリヒ二世に支援を求めた。

アル・カーミルは、その見返りとして、フリードリヒ二世にアル・ムアッザムが支配するイェルサレムの大部分を譲渡する用意のあることを伝えた。この提案を受けて、アル・カーミルとの交渉のために、フリードリヒ二世は一二二七年夏、一番目の股肱の臣である、パレルモ大司教ベラルド・ディ・カスターニャをカイロに派遣した。

教皇グレゴリウス九世によるフリードリヒ二世の破門

十字軍に参加するドイツの諸侯や騎士、多くの巡礼者が、一二二七年八月、南イタリアのアドリア海に面するブリンディジに続々と集結した。夏の暑い時期で十分な水も欠いていたこともあり、ドイツの諸侯や騎士たちは疫病でつぎつぎと倒れた。そのなかには、テューリンゲン方伯ルートヴィヒ四世もいた。

フリードリヒ二世も疫病にかかったが、病を押して、一二二七年九月八日に八〇〇人の騎兵と一万人の歩兵からなる本隊を率いて、聖地に向けてブリンディジを出航した。出航から数日後に、フリードリヒ二世は健康状態が悪化し、引き返し、病気が完治するまで温泉のあるポッツォーロに滞在した。フリードリヒ二世はアナーニに滞在していた教皇に使者を送り、十字軍遠征の延期を求めた。

教皇グレゴリウス九世はフリードリヒ二世の使者への拝謁を拒否した。教皇グレゴリウス九世は、フリードリヒ二世が疫病にかかり戻ったことを、十字軍を取りやめる口実としたとして、アナーニの大聖堂に集まった司教たちの前で、フリードリヒ二世を破門に付した。それは、フリードリヒ二世がサン・ジェルマーノの取り決めで、十字軍出立の期限である一二二七年八月を守らないときは破門を甘受すると誓約していたことにもとづくものであった。

教皇グレゴリウス九世の破門通告は、フリードリヒ二世による約束の反故を非難し、シチリアの「教皇代理権」の問題にまで及んだ。教皇グレゴリウス九世は「教皇代理権」の問題を蒸し返し、その権利の放棄を贖罪の条件とした。フリードリヒ二世としては、ノルマン朝のシチリア王国に認められていた「教皇代理権」を放棄することはできなかった。

フリードリヒ二世は、破門を気にかけることなく、それを無視した。教皇との対立が最も激しいときでも、フリードリヒ二世は、破門と廃位を神が定めた世界の秩序に対する不当で、有害なものであるとして、みずからの正当性を強調し続けた。ただ、教皇グレゴリウス九世との正面対決を避けて、フリードリヒ二世は、教会が求める贖罪を受け入れ、翌二八年に十字軍を率いて出立することを誓ったが、破門が取り消されることはなかった。

フリードリヒ二世は、マクデブルク大司教アルブレヒトを教皇のもとに派遣し、いかなる償いをすればよいかを教皇にたずねさせている。しかし、教皇はその返答を拒否した上で、破門が取り消されないまま、十字軍遠征をおこなうことをフリードリヒ二世に禁じた。

教皇グレゴリウス九世は、一二二八年三月、教会に不服従を続けるならば、ローマ教会の封土であるシチリア王国を取り上げると脅迫し、破門を再確認した。このときから、教皇グレゴリウス九世は、フリードリヒ二世を追い込み、廃位とすることを狙っていたのであろう。

教皇グレゴリウス九世は、ロンバルディーア都市同盟に接近し、何人かのロンバルディーア人を枢機卿に任命して、その指導的立場にあるミラノと親密な関係を示している。フリードリヒ二世は回状を発して、幼年時代に後見人で、摂政であった教皇インノケンティウス三世が約束を守らず、自分が悲惨な生活を強いられ、シチリア王国を混乱に導いたと非難した。これに対して、教皇グレゴリウス九世はローマ教会に属するシチリア王国の住民を虐げていると反論した。

そのとき、教皇グレゴリウス九世にも問題が生じていた。フリードリヒ二世支持のローマの有力貴族であるフランジパーネ家がローマ市民を扇動して、フリードリヒ二世の破門に抗議する反乱を起こした。教皇グレゴリウス九世はローマからリエーティに逃亡した。

十字軍の再出発

フリードリヒ二世は、一二二八年六月、四〇隻のガレー船、七〇隻以上のほかの船舶と一〇〇〇人の騎士と三〇〇〇人の歩兵を乗せた大船団を従えて、ブリンディジを出航した。破門を受けた皇帝が、教皇の意思に逆らって、十字軍を率いて聖地に赴いた例はなかった。太田敬子によれば、「フリードリヒ二世の十字軍は、歴代の十字軍のなかでもっともプロフェッショナルな、そして注意深く計画された遠征であった」。フリードリヒ二世は十字軍に参加した諸侯や貴族への給与も含めた遠征費用のすべてを支払ったが、それはシチリア王国で課せられた特別税でまかなわれた。

十字軍出発の二ヵ月前の一二二八年四月二五日、皇妃イザベル・ド・ブリエンヌは、プーリアのアンドリアで息子のコンラート四世を出産した。その一〇日後、一六歳になったばかりのイザベル・ド・ブリエンヌは亡くなり、アンドリアの大聖堂に埋葬された。イェルサレム王位は、十字軍の出発前に生まれた息子コンラート四世に属するものであったが、フリードリヒ二世がイェルサレム王として戴冠することになる。

フリードリヒ二世は、ドイツ騎士団団長ヘルマン・フォン・ザルツァからの報告で地中海東部の政治状況を理解していた。フリードリヒ二世は、ケルキラ（コルフ）島、ケファレーニア島、クレタ島、ロドス島の沿岸を通って、一二二八年七月、父ハインリヒ六世の時代に帝国領となったキプロス島で錨を下ろした。六週間のキプロ

フリードリヒ２世（左から２人目）とアル・カーミル（中央）の協定

ス滞在中に、フリードリヒ二世は、帝国の承認を得ることなく幼いアンリ一世を王として戴冠させていたキプロスの宗主権を取り戻し、二〇〇人の騎士を提供させた。

キプロス島で陣容を強化したフリードリヒ二世率いる十字軍は、一二二八年九月七日、イェルサレム王国の実質的な首都となっていた地中海に面するアッコンに上陸した。その直後、イェルサレム総大司教ゲロルドのもとに、フリードリヒ二世の破門を伝える教皇グレゴリウス九世の書簡を携えた二人のフランチェスコ会修道士が到着した。その書簡には、イェルサレムに滞在するテンプル騎士団と聖ヨハネ騎士団に対して、破門を受けたフリードリヒ二世へのいかなる支援も禁止することが記されていた。

イェルサレムに到着したフリードリヒ二世は、先遣隊によってアル・カーミルとの協力関係が整っていたので、ただちに贈り物の交換をおこなった。アル・カーミルは宝石、織物、競走用のラクダ、天象儀 planetario のほかに一頭の象を、フリードリヒ二世は北極熊を贈呈した。アル・カーミルは熊が魚しか食べないことに驚いたという。高山博は、フリードリヒ二世の第六回十字軍がイスラーム君主との長期にわたる外交関係の一場面であると指摘している。

ことは順調に進むかと思われたが、エジプトへの攻撃を目論んでいたアル・カーミルの弟アル・ムアッザムが突然に死去したことで、アル・カーミルはフリードリヒ二世の支援を必要としなくなった。かれはダマスクスとイェルサレムを自力で征服する気になり、フリードリヒ二世との協定は宙に浮いた状態となった。フリードリヒ二世は窮地に立たされたが、アル・ムアッザムの意志を継いだ息子ナースィルとの戦いが迫っていたことで、アル・カーミルはフリードリヒ二世との協定を実行することになった。

イェルサレム入城

フリードリヒ二世は、一二二九年二月一八日（高山によれば二月一一日）、ヤッファでアル・カーミルとの講和協定に調印した。それによって、イェルサレム、リュッダ、ベツレヘム、シドン、トロンがキリスト教徒に返還された。アル・カーミルは、アッコンの北に位置するモンフォールのドイツ騎士団の城のほかに、シドンとカエサレア、ヤッファとアッコンに城を建設することをキリスト教徒に認めた。ムスリムには岩のドーム（ムハンマドが昇天したといわれる聖地）で自由に礼拝することと、イスラーム法のシャリーアにもとづく裁判権が保障された。最後に一〇年間の休戦が締結された。

破門されていたフリードリヒ二世は、戦いを交えることなく、平和的な方法で、これまでいかなる十字軍も成し遂げられなかった成果をあげた。それは、イスラーム世界についての広範な学識を備えたフリードリヒ二世がアル・カーミルの個人的な信頼を得て、友好関係にあったことが大きい。

教皇の指示に忠実なイェルサレム総大司教ゲロルドは、イェルサレム近郊に存在したキリスト教徒の領地が返還されなかったことに加えて、スルタンに対する対応が弱腰であったと、フリードリヒ二世を批判したばかりでなく、悪質な妨害行動を続けた。

フリードリヒ二世は、アル・カーミルとの協定締結の翌日、イェルサレムに入城した。血を流すことなく、奇跡のようにイェルサレム解放を実現したフリードリヒ二世の後に、多くの巡礼者が続いた。イェルサレム総大司教ゲロルドは、破門を受けているフリードリヒ二世がイェルサレムの教会で宗教儀式を執りおこなうことはできないとして、参列を拒否した。ドイツ騎士団団長ヘルマン・フォン・ザルツァは出席したが、総大司教ゲロルドに従ってヨハネ騎士団とテンプル騎士団の団長も欠席した。

ドイツ騎士団団長のヘルマン・フォン・ザルツァは、破門されている皇帝が教会で戴冠式をおこなえば、教皇に対する挑発的行為と見なされ、教会法の違反者としてあらたな非難の口実を与えることになるとして、宗教的な戴冠式をおこなわないようにフリードリヒ二世に進言していた。ヘルマン・フォン・ザルツァの忠告に従って、フリードリヒ二世は戴冠式に宗教儀式を結合することは避けた。フリードリヒ二世は、イェルサレムの聖墳墓教会で祭壇に歩み寄り、イェルサレム王の王冠を自分で手に取り、頭に置いた。それは、イェルサレムの奪還という十字軍の成功をしるすもので、中世において祝祭日に皇帝たちがしばしばおこなっていた行為であった。そのことは、国民に選ばれて皇帝となったことを示すために、教皇から冠を授かるのを拒否して、パリのノートルダム大聖堂でみずからの手で頭に王冠を載せたナポレオンの行為とは基本的に異なる。

フリードリヒ二世は、イェルサレム王国を昔の古い国境で再建することはできなかったが、イェルサレム、ベツレヘム、ナザレは再獲得できた。一一八七年のサラディンの征服から初めて、イェルサレムをキリスト教徒の手に取り戻したのであるから成功とされねばならなかった。だが、それは教皇グレゴリウス九世との和解には十分ではなかった。

「暗殺教団」との関係

話は変わるが、カントーロヴィチは、『皇帝フリードリヒ二世』のなかで、イェルサレムでフリードリヒ二世がムスリムの「暗殺教団」と一時的にではあるが関係をもったと指摘している。それについて、佐藤次高も『世界の歴史八　イスラーム世界の興隆』で次のように記している。

フリードリヒは、十字軍を率いて聖地イェルサレムに滞在した時、暗殺団と呼ばれた秘密結社と接触したといわれる。それは、屈強な若者を選んで、秘密の楽園に幽閉し、酒と女性と麻薬で快楽の虜にしたうえで解放するが、かれらは教団があたえた他の集団の長老やヨーロッパの王侯の暗殺の任務を果たした。

『マルコ・ポーロ東方見聞録』に、その暗殺教団について記されているので、それを要約しておこう。マルコ・ポーロは、イル汗国の首都タブリーズから東を進み、ムレットについた。そこで、暗殺団の話を聞いた。「山の長老」とよばれるアロアディンは、「葡萄酒とミルクと蜜と水の豊かに流れる水路」と「世界中のあらゆる果物が実る庭園」を宮殿のなかにつくった。そこには悦楽をもたらす「この世で最も美しい婦人と娘」が大勢いた。自分を偉大な預言者と信じる「山の長老」は、ある場所に暗殺者を送り込む必要が生ずると、麻薬と思われる飲み物を飲ませて、イスラームの純粋な信奉者である若者を宮殿に連れてこさせた。目が覚めた若者に、「山の長老」は次のように言う。「これこれの人物を殺しに行け。もし戻ってこられたら、天使に言ってお前を楽園に運ばせよう。もしお前が死んだとしても、天使に頼んでお前を楽園に戻してやろう」。恍惚状態の若者は「楽園に戻りたいという強い欲求のために、どんな危険にもひるまず、老人の命令を実行する」。

こう述べた上で、マルコ・ポーロは、次のように記している。一二四二年（実際は一二五二年）、レバント（イル汗国）のタタール人の君主アラウ（フラーグ）が、「山の長老」の悪行を聞きつけて、三年間にわたる兵糧攻めで、かれを殺害した。それ以降、暗殺者はいなくなった。

バーナード・ルイスは、『暗殺教団――「アサシン」の伝説と実像』で、フリードリヒ二世と暗殺団の関係を述べている。「赤髭王」がミラノを攻囲していた一一五八年に、一人のアサシンを捕らえた。アサシンの首長であるマジュド・ウッディーンは、一二二七年、十字軍を率いてパレスティナに来ていた〔神聖ローマ〕皇帝フリードリヒ二世からの使者を迎えた。その使者は、ほぼ八万ディナール相当の贈物をもたらした。マジュド・ウッディーンは、ホラズム人たちを討伐するアラムートへの安全通行権を与えた。かれは念のためにアレッポの君主のもとへ使節を派遣し、皇帝の使節一行のことを報告して、かれと一致して行動することにした。

このバーナード・ルイスの指摘によれば、フリードリヒ二世の命を受けた先遣隊の使者が「暗殺教団」と接触し、十字軍の下準備をおこなったことが考えられるが、それ以上のことは分からない。

教皇グレゴリウス九世の対応

教皇グレゴリウス九世は、フリードリヒ二世がイェルサレムに滞在していたとき、シチリア王国の家臣がおこなったフリードリヒ二世に対する忠誠の誓約を無効にした。この措置に抗議して、フリードリヒ二世の不在中にシチリア王国を任されていた皇帝代理のスポレート公ライナルド・フォン・ウルスリンゲンは兵を率いて、スポレート公国とアンコーナ辺境伯領に侵入した。この事件に関しては、尾崎秀夫の研究がある。

教皇グレゴリウス九世は、フリードリヒ二世とアル・カーミルの交渉が頓挫していた一二二九年一月、亡き皇妃イザベル・ド・ブリエンヌの父であるブリエンヌ伯ジャンの率いる教皇軍をシチリア王国に差し向けていた。前述したように、ブリエンヌ伯ジャンは、フリードリヒ二世が娘イザベル・ド・ブリエンヌと結婚した直後から、不倶戴天の敵となっていた。

ブリエンヌ伯ジャン率いる教皇軍は、モンテ・カッシーノの近くで司法長官エンリーコ・ディ・モーラ指揮のシチリア王国軍の抵抗にあうが、プーリアまで一気に軍をすすめ、南イタリアをほぼ手中におさめた。その時期に、フリードリヒ二世が死亡したという偽情報が教皇筋から意図的に流されていた。

フリードリヒ二世の帰還

フリードリヒ二世がイェルサレムに滞在したのは二日間だけであった。戴冠式をすませると、フリードリヒ二世は、教皇グレゴリウス九世の軍隊がベネヴェントに侵入したという知らせを受けていたので、直ちにイェルサレムを後にし、七隻のガレー船を待機させていたアッコンに着き、五月一日にシチリア王国への帰途についた。フリードリヒ二世は、一二二九年六月一〇日、ブリンディジに上陸した。死亡したはずのフリードリヒ二世の突然の帰還に人々は驚き、歓呼の声をあげた。一年近く留守をした間に、シチリア王国は危機に陥っていた。南イタリアの多くの都市は、教皇が与えた広範な自治によって、皇帝から教皇への支持に変わっていた。しかし、フリードリヒ二世は、短期間のうちに、シチリア王国内に侵入していた教皇軍を撃退した。教皇軍はたちまち総崩れとなり、教皇領に逃げ込んだ。

フリードリヒ二世は教皇領の近くで追撃をやめた。それは教皇グレゴリウス九世を追い詰めるのではなく、教皇に恭順の意を示し、破門を解かれようとしたからである。フリードリヒ二世は教皇との講和のために教皇領に攻め入ることはしなかったが、裏切った都市や領主には厳しく対応した。ソーラとサン・セヴェーロは、教皇側に寝返った罰として、フリードリヒ二世の攻撃を受けて、完全に破壊された。教皇を支援したモンテ・カッシーノ大修道院の財産は没収された。

教皇との和解

教皇グレゴリウス九世との和解交渉は一年近く続いた。皇帝派の貴族の反乱で、ローマを逃れ、サン・ジェルマーノに滞在していた教皇グレゴリウス九世は、破門をうけたままイェルサレム解放を実現したフリードリヒ二世を許そうとしなかったが、最終的に譲歩した。

教皇グレゴリウス九世は、フリードリヒ二世の破門を解くための厳しい条件を出した。フリードリヒ二世はスポレート公国とアンコーナ辺境伯領を教皇に返還し、捕らえていた教皇の支持者を放免し、シチリア王国の「教皇代理権」の放棄も約束した。

フリードリヒ二世は、協定を保証するものとして、教皇領との国境に配置された七つの城をローマ教会側に引き渡さねばならなかった。破門から解放されるために、フリードリヒ二世は、このような不利な条件をのまざるを得なかった。両者にとってきわめて困難な妥協は、皇帝と教皇の間を行き来し、両者の対立の解決に奔走したドイツ騎士団団長のヘルマン・フォン・ザルツァの功績であった。

サン・ジェルマーノの講和が締結され、一二三〇年八月二八日、フリードリヒ二世と教皇グレゴリウス九世の和解が成立した。教皇グレゴリウス九世の生家のあるアナーニで、教皇と皇帝の抗争が終結した講和を祝う式典が催され、晩餐会がおこなわれた。それに出席したのは、フリードリヒ二世、教皇グレゴリウス九世、教会と帝国の和解に尽くしたドイツ騎士団団長ヘルマン・フォン・ザルツァの三人であった。

なぜフリードリヒ二世が教皇に大きな譲歩をしたのか。それは、シュタウフェン家の特権はいつでも取り戻せると考えたためであろう。フリードリヒ二世にとって、なによりも優先すべきことは、まず破門を解いてもらい、ロンバルディーア都市同盟との戦いで教皇を中立化させることだった。皇帝・教皇・ロンバルディーア都市同盟の対立構造において、フリードリヒ二世は教皇グレゴリウス九世がロンバルディーア都市同盟と手を結んで、自分に対抗するのを阻止しなければならなかった。

フリードリヒ二世は、帝国へのシチリア王国の統合という目的のためには、破門を解かれることが最も重要であり、そのために当面はいかなる代価も払おうとしたのであろう。ただ、一二三〇年のサン・ジェルマーノの講和で教皇と皇帝は合意にいたったが、両者ともこれまでの政策を変える気はなかった。フリードリヒ二世は、シチリア王国の司教選挙に介入しないとしながらも、逆のことをおこなっていた。また、テンプル騎士団とヨハネ騎士団の財産も一部を返却しただけであった。

VI

教皇との虚虚実実の駆け引き

「メルフィ法典」

フリードリヒ二世は、教皇グレゴリウス九世との和解が成立すると、シチリア島と本土の南イタリアを統一的に支配するための法律の作成に着手した。それは一二三一年九月にメルフィで発布されたことで、「メルフィ法典」と通称されるが、正式名称は「シチリア王国勅法集成」Constitutionum regni Siciliarum libri である。メルフィは、ビザンツ帝国が建設した南イタリアのバジリカータの都市で、一一世紀中葉にノルマン人が拠点を置いた「プーリア征服の精神的首都」と呼ばれたところである。「メルフィ法典」については西川洋一、久保正幡、阪上眞千子、榊原康文の優れた研究がある。

「メルフィ法典」は、中世ヨーロッパにおける最初の広範な法律の集大成であった。その「メルフィ法典」について、阪上眞千子は、「国内に統一的な法を法典の形で編纂・施行させるという王権による画期的な試みであり、各国の法典化の先駆けとなった中世最初の国法典」であったと指摘している。なお、久保正幡によれば「勅法の数は二〇四」とされているが、フーベルト・ホーベンは二二〇、榊原康文は追加される新勅法を含む完全版は「一巻が一〇七、二巻が五二、三巻が九四」で、合計二五三と述べている。

「メルフィ法典」はきわめて短期間に作成された。フリードリヒ二世は、ルッジェーロ二世が発布した勅令やノルマン朝時代の習慣を知る地方の古老にも聴聞をおこなっている。その作成に中心的にかかわったのは、フリードリヒ二世の股肱の臣の一人であるピエール・デッラ・ヴィーニャとカープア大司教ジャーコモである。

「メルフィ法典」は、ノルマン時代の法令に命を吹き込み、フリードリヒ二世がすでに発布していたものを加えて体系化したものであった。「メルフィ法典」は、ビザンツ皇帝ユスティニアヌスが編纂させた「市民法大全」

と、シチリア王国の創始者ルッジェーロ二世の「アリアーノ勅令」を結合したが、同時に敷衍し、体系的に完成されている。なお、「メルフィ法典」はたびたび改定され、一九世紀後半に統一国家イタリアが誕生するまで現行法として存続しており、南イタリアの歴史を知るうえで重要なものである。

「メルフィ法典」によるフリードリヒ二世のシチリア王国のモデルは無から生まれたものではない。それは、テーオ・コルツァによれば、ノルマン人の王たちによって築かれた基礎の上に、フリードリヒ二世が発展させたものであった。

カントーロヴィチが「近代官僚制の出生証明書」と呼ぶ「メルフィ法典」による中央集権的な体制は、ノルマン朝の官僚制組織の原則をほぼ踏襲していたし、「裁判管轄の基本構造はノルマン時代とそれほど大きく変わっているわけではない」と西川洋一は指摘している。ノルマン時代と異なるのは、司法行政において司教、伯、バローネなどが機能を果たさなくなり、法律の専門家が官吏として広く登用されたことである。「メルフィ法典」による司法官を中心とする官僚制度については、榊原康文の優れた研究がある。

カエサルと同一視される皇帝

フリードリヒ二世は、「メルフィ法典」の序論で、国家理念、王の義務などについて次のように述べている。

君主国は、人々の間に支配的な別の混乱を抑制することができるただ一つの統治形態である。神につながる権威である国王は、教会と臣民の保護だけでなく、正義と平和を保証する。

1231年に鋳造されたアウグストゥス金貨

フリードリヒ二世が模範にしたのは、カントーロヴィチによれば、「正義の象徴」であったユスティニアヌス、「平和の皇帝」として讃えられたアウグストゥス、そして理想とされる人間像であるユリウス・カエサルの三人であった。

フリードリヒ二世にとって、ユスティニアヌスとアウグストゥスは「国家統治の一つの形態、司法、平和の化身、象徴であるとすれば、支配者としての人間像にカエサルの影響をかれの中に見ることができる」、とカントーロヴィチは指摘している。

「メルフィ法典」が発布された一二三一年の一二月に鋳造されたアウグストゥス金貨の刻印に、フリードリヒ二世の皇帝理念を見ることができる。アウグストゥス金貨は、アウグストゥスという名前からして古代ローマの皇帝を想起させるものであった。表面にはカエサルの衣をまとい、頭に輝く冠を戴いたフリードリヒ二世像があり、貨幣の周りにはIMP（erator）ROM（anorum）CAESAR AUG（ustus）という刻銘がある。裏面には、シュタウフェン家の紋章である鷲とならんでFRIDERICUSと刻まれている。

フリードリヒ二世は、ローマ帝国の皇帝を引き継ぎ、イタリアとドイツの統治権を有し、キリスト教世界の軍事的な指導者とみずからを認識していた。

フリードリヒ二世は、帝国を神聖なものとし、皇帝の権利あるいは帝国の秩序に逆らい、遵守しないものを、皇帝の神聖を汚す、不敬なものとみなした。フリードリヒ二世が理想とした世界は、カントーロヴィチによれば、「正義」Justitiaが支配するところに「平和」Paxが存在するとして、統治は正義を目的とした。「平和」は「正義」が支配していることの徴証《ちょうしょう》であった。

教皇の警告

「メルフィ法典」では教皇権に言及されていないが、教皇グレゴリウス九世はフリードリヒ二世がみずからを教会と一体化していることに強い不信感を持っていた。それは、教会が帝国の保護なくして存在しえないこと、教会が帝国に従属していることを、フリードリヒ二世が表明していたからである。フリードリヒ二世は、カントーロヴィチによれば、シチリア王国は「教会に対して従属的な関係」にはなく、「シチリアでは国に保護を委ねられている教会を包み込み、みずからの内部へと取り込んだ」と考えていた。

そのこともあって、フリードリヒ二世と和解したばかりの教皇グレゴリウス九世は、「メルフィ法典」に警告を発した。一二三一年七月のフリードリヒ二世宛書簡で、教皇グレゴリウス九世は、「メルフィ法典」を敢えて発布するならば、「教会の迫害者また公の自由の抑圧者」と見なされることになろうと述べている。くわえて、教皇グレゴリウス九世はカープア大司教ジャーコモに「メルフィ法典」の作成から手を引くように警告している。この教皇の対応は、久保正幡によれば、「法理的には立法首位権は教皇」にあることを示したものであった。

フリードリヒ二世は、教皇の警告に耳を貸すことなく、法律制定の権利が自分にあると反論した。

父と子の対立

教皇グレゴリウス九世と和解した一二三一年頃、フリードリヒ二世には緊急に対応しなければならない事態がドイツで生じていた。ドイツ王ハインリヒ七世は一五歳になり、父フリードリヒ二世が一四歳にして親政を開始したことから、自分が摂政の支配下に置かれていることに不満を覚え、独り立ちすることを望むようになっていた。これが父と子の対立の始まりであった。この対立について、ハインリヒ七世の「精神的弱さ」を指摘するのはヴォルフガング・シュトゥルナーである。

一二二八年に親政を開始したハインリヒ七世は、父フリードリヒ二世に相談なく独自の行動をとり始めた。フリードリヒ二世は自分の指示に従うことをハインリヒ七世に求めたが、かれは自分の意志による統治を望んだ。ドイツではフリードリヒ二世とハインリヒ七世の二人の王が存在する状態となっていた。

ハインリヒ七世は、ドイツ諸侯を無視して、王権を強化する唐突な行動に出た。それはフリードリヒ二世が取ったドイツ諸侯に対する政策とは対立するもので、諸侯や聖職者の反発を引き起こした。ハインリヒ七世はシュタウフェン家の血を引き、将来は皇帝となるはずのかれをドイツ王に選出した諸侯たちと衝突した。

フリードリヒ二世が後顧の憂いなく、シチリア王国に専念できるのは、ドイツ諸侯の安定した支持があってのことであった。フリードリヒ二世としては、イタリア王国で皇帝の権威を確立するために、ドイツ諸侯のとりわけ軍事的支援が不可欠であった。フリードリヒ二世は、避けて通れない北イタリアの諸都市との戦いで頼りとするドイツ諸侯と対立し、混乱を起こすことは認められなかった。

ハインリヒ七世は、フリードリヒ二世が領土拡大を目的として結婚させたオーストリアのマルガレーテ妃と離婚し、幼馴染の恋人でボヘミアのアグネスと結婚しようとした。それは、フリードリヒ二世が避けたいオーストリア公との対立を引き起こすものであった。フリードリヒ二世がその離婚に反対したことで、父と子の亀裂は広がった。しかし、アグネスが修道女となったことで、ハインリヒ七世が望んだ結婚は実らなかった。

ドイツ諸侯は、一二三一年五月、ハインリヒ七世にヴォルムスで諸侯会議を開かせ、「諸侯の利益のための取り決め」を認めさせ、国王の特権を制限することを決定した。ハインリヒ七世は地域的に主権をもつ諸侯の地位を承認し、領主は都市に対する支配権を獲得した。

ラヴェンナの諸侯会議

フリードリヒ二世は、一〇年近く会っていない息子ハインリヒ七世が引き起こした問題を解決するために、一二三一年一一月一日にラヴェンナで諸侯会議を開催することにした。このときも、一二二六年のクレモーナの諸侯会議と同じような状況が再現された。ロンバルディーアの諸都市は、ドイツ諸侯がラヴェンナの諸侯会議へ参加することを阻止するためにアルプスの通路を封鎖した。

多くのドイツ諸侯は、封鎖されていない別のルートを通ってラヴェンナに到着したが、ハインリヒ七世は現れなかった。ラヴェンナの諸侯会議は一月遅らせて一二月に延期されることになった。フリードリヒ二世はクリスマスをはさんでラヴェンナにとどまったが、結局諸侯会議は開催されなかった。フリードリヒ二世は、ラヴェンナ滞在中に、西ローマ皇帝ホノリウスの異母妹、ガッラ・プラキディアの霊廟を発掘している。

その時期、教皇グレゴリウス九世とフリードリヒ二世の関係は表面的には決して悪くなかった。一二三一年末、フリードリヒ二世は教皇グレゴリウス九世の要請に応じて、教皇派のヴィテルボの防衛のために軍隊を派遣している。この友好的な関係とは裏腹に、教皇グレゴリウス九世は、ロンバルディーアの都市同盟に対して、皇帝に反抗するよう秘密裏に働きかけていた。

アクイレイアの諸侯会議

フリードリヒ二世は、ドイツ諸侯の参加が容易なイタリアの北東部のアクイレイアで、一二三二年三月に諸侯会議を開催することにした。フリードリヒ二世は、ラヴェンナから海路でアクイレイアに向かう途中、ヴェネツィアを訪れている。サン・マルコ広場に上陸したフリードリヒ二世はヴェネツィアに金銀の贈り物を、ヴェネツィアは返礼として聖遺物のキリストが磔となった十字架の木片をフリードリヒ二世に贈った。フリードリヒ二世は、ロンバルディーア都市同盟への対抗をヴェネツィアに提案したが、受け入れられなかった。「航海者にして商人たる」ヴェネツィア人は、シチリア島における通商の自由などの特権が与えられたが、フリードリヒ二世に政治的に拘束されることを拒否した。フリードリヒ二世は、ヴェネツィアからフリウリを経由して、一二三二年の復活祭のころに、アクイレイアに到着した。

その間に、ドイツ騎士団団長ヘルマン・フォン・ザルツァは、ロンバルディーア都市同盟がフリードリヒ二世に忠誠の誓約をおこない、フリードリヒ二世は都市同盟を承認するという最低限の了解を取り付けた。教皇グレゴリウス九世は、アルプスの通路の閉鎖に対する賠償金を求めるフリードリヒ二世の要求を都市同盟に言い渡した。

アクイレイアで開催されることになっていた諸侯会議は場所を変更してチヴィダーレとなった。ハインリヒ七世は最初は躊躇していたが、父フリードリヒ二世の要求には逆らえずに諸侯会議に出席し、今後は皇帝の命令に従ってドイツを統治することを宣誓した。それは、カントーロヴィチの表現を借りれば、「帝国の灯にして守護者」、皇帝の「目」であるドイツ諸侯に敬意をもって接することであった。ハインリヒ七世は、ドイツ王の王位を簒奪されなかったが、法規に従うだけの存在となり、不満を強めることになり、その後信じられない行動に出ることになる。

シチリア王国の行政・経済の改革

フリードリヒ二世は、チヴィダーレでハインリヒ七世の問題を解決すると、一二三二年五月にプーリアにもどり、その年の夏をメルフィで過ごした。六月には、ビアンカ・ランチャとの間にマンフレーディが誕生した。フリードリヒ二世は、一二三五年までシチリア王国に滞在し、「メルフィ法典」に従って、度量衡の統一、偽貨幣の駆逐、商品市の開設などの経済改革のほかに、亜麻の加工所を居住地から一定の距離にあるところに設置すること、納棺していない遺体の埋葬は二メートル以上穴を掘ること、畜殺場を町の外に移動することなど公衆衛生に関連する勅令を出している。

フリードリヒ二世は、一二二〇年の「カープア勅令」によってシチリア王国の行政改革、経済改革を部分的に開始していたが、それを「メルフィ法典」にもとづいて本格的に推進することになる。フリードリヒ二世は、さまざまな職種の官吏を地方に配置し、都市・貴族・聖職者・大商人の権利を厳しく制限し、シチリア王国の経済の発展を促す王権による経済改革をおこなった。

塩・鉄・銅・松脂・鋼鉄などの特別な製品の生産と交易は、前述したように、ノルマン時代から国家が独占権を占有していた。民間人が精製した塩は国家に納められ、国家の専売となり、免許のあるものしか販売できなくなった。鉄や鋼鉄も同じで、国家が鉱山を独占的に支配した。サトウキビによる製糖、養蚕や生糸の生産も国が独占権を持っていた。染色はユダヤ人の集団に委ねられた。絹織工はティバイ、コリント、アテネからルッジェーロ二世が捕虜として連れてきた人々を祖先とするものであった。

フリードリヒ二世はシチリア王国で最大の農地を所有し、最大の穀物生産者であった。プーリアでは、穀物の生産と輸出の拡大のために、王領の多くが国営農場となり、シトー会の修道士が管理・運営する効率的な農業経営がおこなわれた。シチリア王国は国営農場で収穫された穀物と領主が生産したものを合わせて、王国所有の船団でチュニスなどに輸出した。一二三一年にハフス朝を建てていたアブー・ザカーリーヤ・ヤフヤーと一〇年間の通商協定が締結され、ムスリムのヘンリクス・アッバスがチュニス駐在のシチリア領事に任命されている。フリードリヒ二世は馬、チーター、ラクダなどを輸入したといわれる。

フリードリヒ二世は、都市の特権を否定し、ジェノヴァやピーサなどの商人が所有していた商館を廃止して、海岸都市だけでなく、シチリア王国北部の国境にも国営倉庫を設立し、輸出品と輸入品のすべてを預けさせ、関税の徴収を容易にした。フリードリヒ二世は、官吏の腐敗や背任行為を厳しく取り締まり、税を管理する特別の捜査委員会を発足させている。

シチリアにおける反乱

一二三二年八月にシチリア島東部のメッシーナ、シラクーサ、ニコシーアで反乱が起こった。反乱の要因は、シチリア島統治の責任者である大宮廷司法官リッカルド・ディ・モンテネーロが「メルフィ法典」にもとづいておこなった都市の自治権の否定、経済改革によって課された高い税金や関税に対する都市住民の不満であった。

フリードリヒ二世は反乱の鎮圧のために、一二三三年三月にシチリア島に渡り、一二三四年二月までパレルモに滞在した。かれは、反乱を起こしたシチリア東部の都市を徹底的に破壊し、反乱の首謀者に無罪放免を約束して捕らえた後、皇帝に逆らう異端として絞首刑、火刑に処した。

反乱を起こし、破壊されたシチリア島南東部の都市には、チェントゥーリペ、モンタルバーノ、トロイーナ、カピッツィ、モンテ・アルボーナなどがある。破壊された都市の住民は、シラクーサの近くに建設された新しい都市で、フリードリヒ二世が命名したアウグスタに、強制移住させられた。

南イタリアではバーリの南西にアルタムーラ、カラーブリアのモンテレオーネ（現在のヴィボ・ヴァレンティア）、シチリア南部にヘラクレア（現在のジェーラ）、東岸には前述のアウグスタなど、新しい居住地や都市が建設された。

その時期に、おそらく王国の情報が外に漏洩することを防ぐために、国王の許可なく王国以外のものと結婚することが禁止されている。

商品市の開設

シチリア島における反乱の教訓として、一二三三年一二月五日、「メルフィ法典」に勅法が補足され、官吏の不正から住民を保護するために、一年に二度、五月と一一月に特別法廷が設置されることになった。フリードリヒ二世は、強制力だけでなく、住民の同意と参加によって、王国を統治しようとした。法令の趣旨を周知させ、それに対する不満を聞くために、半年ごとに、各地方の代表との対話 colloquia をおこなう勅法が出された。対話集会が開催された都市は、シチリア島ではピアッツァ、南イタリアではカラーブリアのコセンツァ、プーリアのグラヴィーナ、カンパーニアのサレルノ、アブルッツォではスルモーナである。その際に、大都市は名望家を四人、小都市は二名の市民代表を対話集会に参加させ、高位聖職者、伯、バローネも加わった。

シチリア王国の全商人が参加する商品市を宗教祭日に合わせておこなう勅法も出されている。シチリア王国外の遠距離の交易では北イタリアの商人が支配していたが、国内の商業を活性化させるために、南イタリアに七つの商品市が、アブルッツォからカラーブリアまでの主要都市で開催された。その都市には、シチリア島からムスリムを強制移住させたルチェーラも含まれていた。

商品市は、冬場を除き、四月から一〇月までの期間に規則的に間隔をとって、一ヵ月ごとに開かれた。商人は冬場に商品を仕入れ、春になると市場での商いをおこなった。商品市には都市の周辺から、農産物を売り、手工芸品を買うために、多くの人々が集まり、活気を呈した。

城塞建築

フリードリヒ二世がシチリア王国に建設した城や宮殿は、それぞれの立地条件に合わせた防衛、居住、狩猟などを目的として、約二五〇近くあった。フリードリヒ二世は、年代記作者のサリムベーネが記しているように、都市に一つの宮殿あるいは一つの城を望んだ。宮殿や城塞などの建築は、道路の整備をともなう人口の移動などによって、地域の経済発展を促進することになった。

フリードリヒ二世は、一二三三年に南イタリアではトラーニ、バーリ、ブリンディジに、シチリア島東南ではシラクーサ地域で城を築いている。フリードリヒ二世は、ビザンツ皇帝コンスタンス二世が六六三〜六六八年に首都を置いたことの影響もあろうが、シラクーサをフォッジアに次ぐ第二の居住地にすることを考えていたようである。しかし、おそらく北イタリアにおける諸都市との戦いを優先させたために、その計画は実現しなかった。

そのシラクーサの旧市街地オルティジャ島の先端にカステル・マニアーチェがある。一二三四〜四〇年にかけ

カステル・マニアーチェ

て建設されたカステル・マニアーチェの一六本の円柱に支えられた内部はシトー派修道士の手によるものである。城塞というよりは、華麗な居住用の城であるカステル・マニアーチェの建築は、イェルサレムでの築城の経験のあるテンプル騎士団員とヨハネ騎士団員が指導したと思われる。

シチリア島東南に位置する海岸に接したアウグスタ城は、ノルマン時代の見張り塔を利用して、一二三二年に建設が始まり、一二四二年に完成している。一二三九〜四〇年に建設

カステル・マニアーチェの内部

が始まった正方形で四角に塔があるカステッロ・ウルシノは、シチリア島の東に位置するカターニアの町の中心にあり、居城であるとともに、反乱を起こしたカターニアの住民にフリードリヒ二世の権威を知らしめるものである。

シチリア島の臍《へそ》に譬えられる海抜九七〇メートルのところにあるカストロ・ジョヴァンニ（エンナ）に、中世イタリアの巨大な城塞の一つであるカステッロ・ディ・ロンバルディーアがある。カステッロ・ディ・ロンバルディーアは、ノルマン時代にロンバルディーアから移住した人々が住み着いたところであるが、フリードリヒ二世時代にシチリア支配の戦略的城塞として補強され、かれも夏季に滞在している。

南イタリアには、ノルマン時代に建設され、フリードリヒ二世が手を加えたバジリカータのラーゴペーゾレ城塞、一二三三年に建設されたプーリアのアドリア海に面したトラーニ城塞がある。プーリアの海抜四二五メートルにあるカステッロ・ディ・グラヴィーナは一二二三年にフリードリヒ二世が狩りを目的に建てたもので、王室会議も開かれている。

フリードリヒ二世は、十字軍遠征のときに教皇軍に侵入されたことで、教皇領との国境地域のフラジェッラとアークイラにも城を建設している。シュタウフェン家の紋章である鷲を意味するアークイラの城塞が完成するのは、フリードリヒ二世が亡くなった後の一二五四年である。

フリードリヒ二世は、のちにコルテヌオーヴァの戦いで捕虜にしたミラノ人をシチリア王国の牢獄や城塞に投獄した。かれらは釈放されて故郷に戻ると、シチリア王国の堅固な城塞とフリードリヒ二世の無限の権力について語ったという。それは、フリードリヒ二世が意図したロンバルディーア都市同盟にたいする政治的・軍事的プロパガンダであった。

カープア城門

カープア城の建設

フォッジアやルチェーラの本格的な宮殿建設は一二三三年四月に始まっている。フリードリヒ二世は、パレルモに滞在していた一二三四年に、軍事的・経済的目的からナポリの港の拡張を指示している。港の建設や拡張によって、投錨税、荷揚げ税、停泊税なども徴収された。同時期に、フリードリヒ二世はカープアの城の建立も指示している。

カープアはローマに近いシチリア王国の重要な都市である。カープア城の正門の中央には皇帝の座像があり、その左右両方に、おそらく徳を象徴する二人の女性の像が置かれていた。その下に大きな胸像が入る三つの壁龕《へきがん》がある。

中央の壁龕の縁に刻まれた文章「カエサルの命により王国の調和をなし」が暗示するように、正面の壁龕には「正義」の女神、左右両方の壁龕には宮廷司法官とおもわれる髭を生やした二人の男性が置かれていた。その一つが、尚書長官のピエール・デッラ・ヴィーニャの胸像であった。「正義」の女神の上に威圧的に座った皇帝の座像の構図は、フリードリヒ二世の皇

カステル・デル・モンテ外観

帝理念を示したものである。

フリードリヒ二世の威厳を視覚的に表現するカープア城門の建設は、古典的な建築装飾の伝統をふまえたものである。フリードリヒ二世による造形美術の傑作は、カントーロヴィチによれば、かれの治世の最後の一〇年間に制作されている。それは、コルテヌオーヴァにおけるロンバルディア都市同盟に対する勝利の後、皇帝崇拝が強化され始めたときである。

カステル・デル・モンテ

フリードリヒ二世が建てた建物のなかで最大の傑作が、今は世界遺産となっているプーリアにあるカステル・デル・モンテである。筆者は一九九四年一〇月にバーリで開催されたリソルジメント史学会大会に参加した。学会参加者に用意されたエクスカーションで訪ねたカステル・デル・モンテの記憶はいまも鮮明に残っている。

ナポリ大学に留学されていた、現在甲南大学で教鞭をとる奥田敬さんと一緒にエクスカーションに参加した。学会参加者をのせたバスが道路の両側に広がる広大なオリーヴ畑のなかを進んでいくと、遠くに八角形のカステル・デル・モンテが視界に入った。

アンドリアの南西約一二キロにある標高五四〇メートルの小高い丘にそびえるカステル・デル・モンテに、思わず感嘆の声をあげたことを覚えている。二本の飛行機雲が、南イタリアの真っ青な空を引っ掻いたように、細長く流れていたのも忘れられない。

カステル・デル・モンテはフリードリヒ二世の神聖な自己表現である。カステル・デル・モンテの築城時期を確定できる残された唯一の記録は、一二四〇年一月二八日、フリードリヒ二世が築城の建築資材を準備するように命じたものである。

カステル・デル・モンテについては、城塞か、鷹狩りのための住居か、神殿か、天体観測所か、その用途について議論がいまも続いており、結論には至っていない。黄色がかった石灰岩からなるカステル・デル・モンテは、すべてが八角形になっている。その八角形の意味するものはなにか。カステル・デル・モンテにはまだまだ多くの謎が残されている。

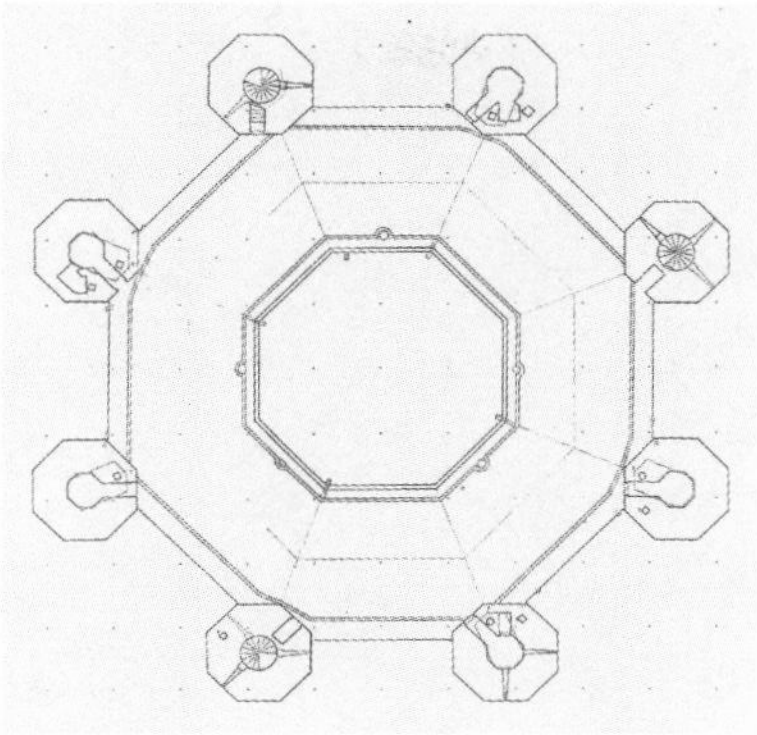

八角形のカステル・デル・モンテ図面

宮廷におけるメチェナティズム

一二三三年のイタリアの冬はことのほか厳しく、ヴェネツィアの運河も凍るほどで、多くの死者が出たようであるが、フリードリヒ二世は温暖なシチリア島で過ごしていた。年が明けて二月、フリードリヒ二世はシチリア島を去り、そこに二度と戻ることはなかった。かれの生活の拠点はフォッジアとなった。

フリードリヒ二世が、多面的な人物で、とりわけ当時においておそらく最も学識ある王であったことは論をまたない。かれはフォッジアの宮廷で、ノルマン人の最後の王の死とともに停止していた文化・研究・芸術の振興、いわゆるメチェナティズムを再開した。

ノルマン時代のパレルモの宮廷では、ギリシア語の著作、たとえばプトレマイオスの『アルマゲスト』、ユークリッドの『幾何学原論』などがラテン語に翻訳された。しかし、一二〇四年の第四回十字軍によるコンスタンティノープル攻略、ラテン帝国の建国によってビザンツ文化への関心は失われ、フリードリヒ二世のイスラーム文化に対する関心もあって、フォッジアの宮廷ではギリシア研究よりもイスラーム研究が盛んになった。

ムスリムやユダヤ人の学者が集まったフォッジアの宮廷を、カントーロヴィチは「学者の共和国」と呼んでいる。かれらは、全員がお互いに顔見知りであり、仕事や研究で互いに助け合っていた。この「アカデミー」の長は「同等者のなかの筆頭者」primus inter pares であるフリードリヒ二世であった。

真の貴族性とはなにか

フォッジアの宮廷では、ムスリム、ユダヤ人の学者たちを含めて、官吏である司法官が活発に議論していた。そこで議論されたテーマの一つに、「人間にとって真の貴族性とはなにか。それは貴族の血筋のことか、それとも精神が高貴なことか」がある。

フリードリヒ二世は、ナポリ大学の設立文書に「貴族たることから生ずる財産の増大は、それに友愛の喜びがともなうのであれば、無益なものではありえない」、と記している。

フリードリヒ二世は、尚書長官のピエール・デッラ・ヴィーニャと司法官のタッデーオ・ディ・スエッサも交えた議論で、アリストテレスの言葉を引いて、「貴族であることは、太古からの財の所有と高貴な振る舞いが一つに合わさっていること」と述べた。そのことは、かれが宮廷を「血筋の貴族と精神の貴族の相互的浸透」の場にしようと考えていたことに通じるようである。フォッジアの宮廷は、グレブナーの指摘によれば、「十字軍時代の霊的な騎士と交代して、知的な騎士、知的な戦士」が成長し、「文化的転移の跳躍台」となった。

「宮廷の学者たちはすべて数学者であった」と言われるように、フリードリヒ二世は、宮廷で重視された天文学、占星術に不可欠であった数学にも大きな関心を寄せていた。かれは、西洋にアラビア数字を導入したピーサ人のレオナルド・フィボナッチと数学について議論している。

フリードリヒ二世は、サレルノ医学校で教えていたモーシェ・ベン・サロモンから、スペインのユダヤ教のラビで、医学・天文学・神学にも精通していたモーシェ・ベン・マイモーンを紹介され、ユダヤ哲学に関心をもつことになる。

フリードリヒ二世は、一二三二年、トレド出身のユダヤ人研究者のジュダ・ベン・サルモン・コーエンを宮廷に招聘している。かれは、旧約聖書にならぶユダヤ教の聖典で、モーセが伝えた律法とされる「口伝律法」であるタルムードを解説したといわれる。

フリードリヒ二世は、一二三二年、ギリシア語とアラビア語からラテン語に翻訳した論理学と数学に関するアリストテレスの論考の写本をボローニャ大学に贈っている。その際に、フリードリヒ二世は、「古い井戸から新しい水を吸い上げる」術《すべ》をご存じの方に、「友たる皇帝の贈り物」として、お受け取り頂きたいと記した書簡を添えていた。

フリードリヒ二世の知的関心は、ムスリムやユダヤ人の研究者との直接、間接の接触によって、際限なく広がった。それだけに、教会関係者からは、「隠れムスリム」と批判を受けた。ただ、フリードリヒ二世がみずからをキリスト教の王と認識していたことは先述の通りで、疑問の余地はない。

マイケル・スコット

フォッジアの宮廷で活躍した学者として名前をあげておかねばならないのが、トレドで学んだスコットランド出身のマイケル・スコットである。かれは「翻訳者、占星術師にして哲学者、数学者にして占星術師」で、当時は「魔術師」と思われていた。

フリードリヒ二世は、人間の行動や事件に対する星座の影響を信じており、つねに多くの占星術師を従えていた。かれは、軍事行動、都市の建設など重要な決断において、後継者の出生に適した時期について、占星術者などに意見を求めた。

フリードリヒ二世がマイケル・スコットに会ったのは、皇帝戴冠のためにドイツからローマに向かう途中に立ち寄ったボローニャである。マイケル・スコットは、一二一七年にアルペトラギウスの『球面幾何学』をトレドで翻訳した三年後にボローニャに現れ、一二二七年にはフォッジアの宮廷に滞在していた。

マイケル・スコットは、アリストテレスの『動物誌』、『動物部分論』などを翻訳し、アリストテレスの動物学をはじめてヨーロッパに紹介した。かれは、フリードリヒ二世の要請を受けて、通称「皇帝フリードリヒの占星術師」astrologus Frederici imperatoris という天文学書に長文の序文を書いている。この本は、『鷹狩りの書』とならんで、皇帝の宮廷で達成された自然科学の最も重要で、最もオリジナルな成果と言われる。

この本には、フリードリヒ二世が関心を持っていた風、水、火山など自然界の現象以外に、地獄、煉獄、天国の存在についても記されている。フリードリヒ二世は、物質のなかに存在する目に見えない力、たとえば、磁石の針が目に見えない力を持っていることに強い関心をもった。

「ものごとを在るがままに」

フリードリヒ二世は、アリストテレスの動物に関する論考である『動物誌』、『動物部分論』に不満を覚え、実際の実験を踏まえて検討し、「ものごとを在るがままに」que sunt sicut sunt 記述したと、後述の『鷹狩りの書』に記している。動物や鳥に関心を持ったフリードリヒ二世は、フォッジアに広大な飼育場をつくり、さまざまな動物や鳥を飼い、異なる品種の馬の交配による品種改良や、人工孵化《ふか》器を作って鳥の卵中の雛の位置などを調べている。

フリードリヒ二世は生体実験をおこなったと言われる。一人の男性には食事をして休息させ、もう一人の男性には食事をして運動させたうえで、ともに腹を切り開いて、どちらがよく消化したかを確かめたとのことである。好奇心の強いフリードリヒ二世が生体実験をおこなったことは、十分あり得ることであろう。

宮廷にはフリードリヒ二世の侍医もいた。テオドーロ・ディ・アンティオキアは、バグダードで医学を修め、一二二六年頃にフリードリヒ二世の侍医になり、ヨーロッパで最古とされるサレルノの医学校で教えている。テオドーロ・ディ・アンティオキアは、医者としての活動とともに、フリードリヒ二世が飼っていた狩猟用の馬や犬などの、獣医学についての助言もおこなっている。

ちなみに、「メルフィ法典」は、サレルノの医学生の規則とともに、医学や薬学の教育に関する法令も整えている。フリードリヒ二世は、医学を学ぶものに対して、「メルフィ法典」で次のような戒めをおこなっている。

あらかじめ論理学について何がしかのことを知らずして医学を知ることはできないので、余は、少なくとも三年間あらかじめ論理学を学ばないかぎり何人も医学を学んではならないことを命ずる。

サレルノの医学生は、三年間にわたって論理学を学んだ後に、続く五年間に外科学のほかに、死体を使った解剖学などの医学教育を受けねばならなかった。五年間の勉学を終えて、試験に合格すると、さらに一年間、経験豊かな医師のもとで実習をおこない、医学の能力を獲得し、皇帝から医師の資格を付与された。医師は、薬剤師とともに、王国の官吏であった。

鷹狩りの研究

フリードリヒ二世は鷹の行動を微細な部分まで観察し、綿密に研究し、最終的に息子のマンフレーディが『鷹狩りの書』としてまとめた。『鷹狩りの書』は鳥の分類と習性、分布なども記述されており、中世ヨーロッパの君主による鳥類学総論として科学的貢献を示す希有な書物である。『鷹狩りの書』に数多く収録されている鳥のスケッチはフリードリヒ二世の手で描かれたとのことであるが、色付けは宮廷の絵師がおこなったようである。

鷹のような猛禽類の鳥を使った狩りは、フリードリヒ二世にとって、気晴らしや趣味のレベルをはるかに超えた、学問研究であった。『鷹狩りの書』には、鷹の種類、鷹の捕獲と調教、鷹を投げ放つ方法について記述されている。かれは、教皇支持者から仕事を狩猟に変えて猟師になったと揶揄《やゆ》されたほど、鷹狩りに情熱を注いだ。

フリードリヒ二世は、アラビア語の鳥類学、狩猟術の書物を翻訳させ、中東やスペイン、アイスランドなどから猛禽類の鳥を取り寄せ、白の隼《はやぶさ》や特別の鷹をもとめて、マルタ島やリューベックまで家臣を派遣している。また、フリードリヒ二世は、マルタ島から飛来する猛禽類の捕獲命令を出している。かれは、有能な鷹匠をイスラーム世界から招き、鷹の捕獲や訓練方法を学び、それを発展させている。取り寄せた鷹はムスリムもふくむ鷹匠に訓練を任せた。フリードリヒ二世は、鷹匠の資質として、「鋭い洞察力、よく利く目、優れた記憶力、よい耳、勇気そして忍耐力」をあげている。

『鷹狩りの書』では、味覚、聴覚、触覚の三つの感覚を鷹に訓練することが鷹匠の目標と記されている。高い木にある巣で捕獲した鷹あるいは隼はただちに、下瞼を上瞼まで引き上げて閉じる縫合の手術をおこなう。それをおこなわないと、野生の鷹あるいは隼は人間や見慣れないものを見て恐れ、荒れ狂い、制御不能な状態になるからである。

『鷹狩りの書』の挿絵

放たれた鷹が空中を旋回し、人間の視界から消え去っても、目に見えない糸で戻されるように、鷹匠の腕に必ず戻ってくることから、フリードリヒ二世は、猛禽類が認知するのは嗅覚か視覚かについても実験したと言われるが、『鷹狩りの書』ではその結論は明らかではない。

フリードリヒ二世は、イェルサレムに滞在していたとき、ムスリムの鷹匠が鷹狩りの際に頭巾をかぶるのを見た。『鷹狩りの書』の最後の七七章は「頭巾を用いた隼の訓練について」である。そこでは、頭巾の作り方、頭巾をつけた場合とつけない場合、そのつけ方と外し方など、きわめてこと細かく、実験を踏まえた結果が記されている。

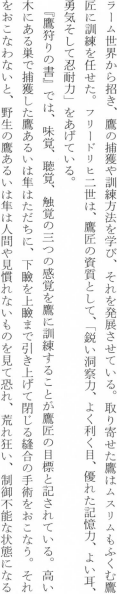

宮廷における詩作

フォッジアの宮廷には二〇名近い詩人の集団が存在した。かれらはすべて宮廷に仕えた官吏で、ほとんどがシチリア王国出身者であった。とりわけ旺盛な詩作をおこなったのは、皇帝よりも若い世代の人々で、一二三〇年からフリードリヒ二世が亡くなるまで、宮廷で働いていた。

フリードリヒ二世の王宮で創作された詩は、「シチリア派の詩」と呼ばれることになる。詩人たちは、プロヴァンスの吟遊詩人の作品から着想を得て、南部イタリアの俗語で詩作をおこなった。中世ドイツの宮廷恋愛叙事詩からの影響も否定できない。その詩は、ほとんどが愛の詩、カンツォーネであった。

詩人の集団を主導したのはシラクーサの北に位置するレンティーニ出身の財務官であったジャーコモ・ダ・レンティーニである。かれはトルバドゥールの詩を巧みに取り入れただけではなく、恋愛と詩歌について独自の精神を示している。かれはシチリア派の詩人のなかで最も多く詩作をおこなっており、一五のカンツォーネ、二二のソネット（一四行詩）、二編のテンツォーネ（討論詩）を残している。

シチリア派の詩人には、ダクィーノ伯家の兄弟、リナルド、ジャーコモ、モナルドがいた。リナルドは一二四〇年頃に宮廷の近侍から鷹匠となり、「至純の愛ゆえに」、「〈愛の神〉の悪戯により」、「異国へと旅たつ恋人へ」、「恋の季節」と題する詩を残している。ダンテは、ジャーコモをシチリア派の詩人のなかで「最も優れた詩人」と述べている。カラーブリアの貴族で、フリードリヒ二世の晩年に側近として仕え、かれの遺言にも連署しているフォルコ・ルッフォも詩人であった。

「書くことも歌うこともでき、また詩作もできた」と言われたフリードリヒ二世が詠ったものとして、「愛の別離は」、「惜別の辛さは」、「人を済《たす》くる三徳」の三編が、『中世イタリア詞華集――シチリア派恋愛抒情詩選』に収録されている。そのなかの、「人を済くる三徳」と題する詩を紹介しよう。この詩を取り上げたのは、前述した「貴族」をめぐる論争におけるフリードリヒ二世の主張に通じるものがあると思われたからである。

ひとを賢くし、物知りにもする
更に、あらゆる高貴な行いに、ひとは恩恵をうけ、
あらゆる富はひとを思慮深くする。
巨万の富を所有せずとも、
つまらぬ人間を　価値ある男に変えることもできる。
けれども　節度ある習慣（ならい）により
高雅さは人びとの間に行き渡る。
大いなる権力に坐する者
また　豊かな富の中にいる者は
その座に居すわると期待（おも）いつつ　時を移さず降下する。
だから　運が大いなる高みに押し上げていてくれる限り
賢明なひとを　余計に褒めそやしたりせず、
日がな一日　雅な心をたもたれよ。

フリードリヒ二世のお気に入りの庶子エンツォも詩作をおこない、捕虜として最後の数十年をボローニャの牢

獄で過ごしたときにも詩を書いている。前掲の『中世イタリア詞華集』には、エンツォの「無慈悲なる恋は」、「分別ある振る舞いとは」の二編のカンツォーネが収録されている。ここでは、「分別ある振る舞いとは」を紹介しておこう。

登るときと　降りるときあり、
話すときと　沈黙するときあり
聞くときと　学ぶときあり
威嚇を恐れぬ　ときがある。
きみを非難する人に　従うときあり、
多くのことに　備えるときある。
きみを侮辱する人に　復讐するときあり、
見ないふりする　ときもある。
ゆえに、わたしは賢明で分別ある人と思う、
理性をもって振る舞い、
時間を扱う術（すべ）を　わきまえて、
人びとを　楽しませ、
自分の振る舞いを　非難できる
理由（わけ）の　何ひとつない人を。

ピエール・デッラ・ヴィーニャの詩として、「恋の成就は人目にも触れずに」と「たとえ恋するふたりを引き裂こうとも」の二編が前掲書で紹介されている。

フォッジアの宮廷に生まれたシチリア派の詩は、初めてイタリアの言葉で、プーリアの民衆の方言でつくられた。「シチリア派の詩」について、ペトラルカはシチリア王国で生まれた詩作法はまたたくまに全イタリアに、そしてさらに遠くへと広まっていった、と述べている。

ダンテは、「シチリア派の詩」について、プーリア人は一般に粗野な話し方をするが、かれらのなかでも高い教養を備えた一部の人々が、自分たちの詩歌に宮廷風の言い回しを挿入することで洗練された語り方をしていた、と述べている。

カントーロヴィチは、イタリアの詩の歴史はシュタウフェン朝の詩歌をもって始まると指摘する。それは、シュタウフェン朝の宮廷はシチリア派の詩人たちを輩出し、民衆の言葉で書かれた新しい詩に活力を与え、その急速な普及を可能にしたからである。フリードリヒ二世の宮廷に誕生した「シチリア派の詩」は、近代イタリアのナショナリズムとの関連で、イタリアの「国語」の起源と再評価されることになる。

リソルジメント運動で取り上げられた「シチリア派の詩」

一九世紀にはいると、復興を意味するリソルジメントと呼ばれる、イタリアの独立と統一の運動が活発化した。そのなかで、ラテン語ではなく俗語で書かれた「シチリア派の詩」をイタリアの国語の起源、教皇と戦い続けたフリードリヒ二世を「祖国の父」と主張するものがいた。

イタリアのロマン主義詩人で小説家のウーゴ・フォスコロは、フリードリヒ二世を「一人の国王のもとで、唯一の政治形態、唯一の言語でイタリアを統一し、ヨーロッパの君主国のなかで最も強力な国として後継者に引き渡す」ことを鼓吹した、民族的統一の理想的擁護者と述べている。また、フォスコロは、フリードリヒ二世の公文書のすべてを優れた美文で書き、シチリア王国の尚書長官に上り詰めたピエール・デッラ・ヴィーニャを、三〇〇年後にプロテスタントが教皇と戦った論題のいくつかを取り上げていたとして、とくに高く評価し、「シチリア派の詩」の反教権の傾向を指摘している。

文学者のルイージ・セッテムブリーニは、フリードリヒ二世がイタリアで生まれ、強力な力を有し、高邁な精神を備え、みずからの帝国を望んだことから、かれをイタリア統一を実現できた人物と述べている。セッテムブリーニによれば、イタリア人のフリードリヒ二世は、イタリア語を誕生させ、イタリアに反教権の国家を樹立することを考えていたというのである。

他方、イタリアにおける教皇庁の存在を重視するチェーザレ・バルボは、教皇と戦ったフリードリヒ二世を認めないが、「シチリア派の詩」による俗語文学をとりわけ評価し、想像力の豊かなフリードリヒ二世の人間的資質を称賛している。バルボは、フリードリヒ二世がイタリア人かドイツ人かという論点を取り上げて、フリードリヒ二世をドイツ人よりもイタリア人であったとしている。

「ハレルヤ」の嵐

フリードリヒ二世がフォッジアでシチリア王国の統治に専念していたころ、ドイツとイタリアで「ハレルヤ」Alleluia（「主を讃美せよ」）と呼ばれる異端運動の嵐が吹き荒れていた。アルメニア頭巾を被り、黒い袋状の衣を着て、胸と背中に大きな十字架をつけた説教師が唱える「ハレルヤ」に唱和しながら、大人や子どもたちが、蠟燭を手に街中を歩き回り、街を混乱させていた。

一二三三年にローマでも「ハレルヤ」を唱える異端運動が広まり、ラテラーノ宮殿にも押し寄せ、教皇グレゴリウス九世はリエーティに逃れた。北イタリアの諸都市でも「ハレルヤ」の嵐が吹き荒れた。だが、フィレンツェでは「ハレルヤ」運動に加わったものは笑い飛ばされた。

教皇グレゴリウス九世は異端審問所を開設し、ドミニコ修道会の異端審問官コッラード・ディ・マルブルゴをドイツに派遣し、異端に対する厳しい取り締まりをおこなわせた。審問官は、告発にもとづいて捕らえた富裕者に拷問を加えて、火刑を言い渡した。

一二二四年に異端を火刑とすることを明示していたフリードリヒ二世は、一二三一～三二年にはシチリア王国で異端撲滅を強化している。シチリア王国では、異端は「疫病をもたらす国家の敵」、フリードリヒ二世への反逆者と見なされ、厳しく弾圧された。皇帝に害をもたらす反逆者であった異端は、フリードリヒ二世において、「信仰の敵」というよりは「国家の敵」であった。

ところが、ドイツ王ハインリヒ七世は、根拠のない告発によって富裕者たちをたけり狂ったように捕らえる異端審問官と対立し、教皇グレゴリウス九世に異端審問を中止するように直訴した。皇帝権に逆らうロンバルディーアの諸都市を異端として処罰することを考えていたフリードリヒ二世にとって、息子ハインリヒ七世が教皇グレゴリウス九世に異端審問の中止を直訴したことはありえないことであった。ハインリヒ七世の不埒《ふらち》な行動に激怒していた教皇グレゴリウス九世のもとに、一二三三年六月、ドイツで活動していた異端審問官コッラード・ディ・マルブルゴの暗殺の知らせが届いた。

教皇と皇帝の駆け引き

「ハレルヤ」運動は、一年で沈静化し、突然に終わった。「ハレルヤ」の嵐が吹き荒れたローマの市民も正気にもどった。ローマでは元老院議員に選出されたルーカ・サヴェッリが、一二三四年夏、教皇領のヴィテルボを含む中部イタリアをローマの所有と宣言し、反乱を起こしていた。リエーティに逃亡した教皇グレゴリウス九世は、ラテラーノ宮殿などを占拠したローマ市民を破門に付し、自治と共和政を求めるローマ市民と交戦状態にあった。教皇グレゴリウス九世は、フリードリヒ二世に、「厚顔無恥なローマ市民の高慢を叩きのめし、悪魔の群れを壊走させ、神を認めない者たちの角を打ち砕く」ために、軍事支援を要請した。ローマの保護者であるフリードリヒ二世は、軍隊を率いてヴィテルボに入城し、不本意ながらローマを威嚇し、教皇グレゴリウス九世をリエーティからローマに戻した。

フリードリヒ二世は、皇帝支配に抵抗するロンバルディーア都市同盟を制圧し、北イタリアで帝国支配を確立するために、教皇との関係が悪化することを望んでいなかった。他方、教皇グレゴリウス九世は、教皇権に挑戦する帝国の拡大を阻止するためにも、ロンバルディーア都市同盟のような皇帝への抵抗勢力を温存しておく必要があった。

このような教皇と皇帝の思惑が複雑に交錯した、両者の虚虚実実の駆け引きが続くことになる。その駆け引きで、フリードリヒ二世がとった一つの行動は、教皇グレゴリウス九世に息子ハインリヒ七世の破門を要求したことである。

ハインリヒ七世の破門

フリードリヒ二世は、一二三四年三月、リエーティに避難していた教皇グレゴリウス九世を訪ね、ハインリヒ七世の破門を求めた。教皇グレゴリウス九世は、フリードリヒ二世の要求に応じて、異端審問に反対したハインリヒ七世にすぐさま破門を宣告した。教皇グレゴリウス九世がハインリヒ七世の破門を宣告したことで、フリードリヒ二世は皇帝権に歯向かうミラノを中心とするロンバルディーア都市同盟が異端であり、破門とされるべきであるという言質《げんち》を教皇グレゴリウス九世から取ったことになる。カントーロヴィチによれば、それは教皇グレゴリウス九世がフリードリヒ二世との駆け引きに負けたことを意味した。

すなわち、教皇グレゴリウス九世が異端審問を批判したハインリヒ七世を破門にしたことで、フリードリヒ二世はロンバルディーア都市同盟を、釈明の余地のない反逆者、異端として処罰することができるようになった。それは教皇グレゴリウス九世が皇帝支持のローマの弾圧をフリードリヒ二世に求めたことへの代価でもあり、互いに相手の腹を読みあう駆け引きであった。

教皇グレゴリウス九世は、リエーティでおこなわれたフリードリヒ二世との会談の後、ドイツに向かうフリードリヒ二世のアルプス越えを邪魔しないようにロンバルディーア都市同盟に求めることを宣言した。ところが、教皇グレゴリウス九世から破門にされたハインリヒ七世はロンバルディーア都市同盟と手を組むという信じられない行動をとった。

都市同盟と手を組んだハインリヒ七世

破門を受けたハインリヒ七世は、一二三四年一〇月、「赤髭王」以来のシュタウフェン家の宿敵であるロンバルディーア都市同盟と手を結んだ。ロンバルディーア都市同盟は、イタリア王国の象徴である「鉄の冠」をハインリヒ七世に授けることを表明した。

このハインリヒ七世とロンバルディーア都市同盟の「奇妙な連合」は、フリードリヒ二世にとってきわめて深刻な危機であった。なぜ、ハインリヒ七世がロンバルディーア都市同盟と手を結んだのか。それはハインリヒ七世を処罰するために父フリードリヒ二世がアルプスを越えてドイツに来ることを阻止するためであった。フリードリヒ二世はハインリヒ七世の「子どもらしい」反抗、裏切り行為に驚愕した。ロンバルディーア都市同盟がフリードリヒ二世の公然たる敵となったことで、教皇グレゴリウス九世も困惑した。

フリードリヒ二世は、ドイツ行の準備のために、リエーティからプーリアに戻った。フリードリヒ二世は、一二三五年の復活祭をフォッジアに近いアドリア海岸にあるアプリチェーナで祝っている。ハインリヒ七世が、ロンバルディーア都市同盟と結託して、フリードリヒ二世のアルプス越えを阻止しようとしたので、かれは海路を選び、リーミニからアクイレイアまで行き、そこからフリウリ、シュタイアーマルクを経由して、レーゲンスブルクに着いた。そのとき、フリードリヒ二世は、ハインリヒ七世の後継者として、イェルサレムのイザベル・ド・ブリエンヌとの間に生まれた七歳のコンラート四世をともなっていた。

フリードリヒ二世はシチリア王国の威容を誇示するかのように、先述のとおり豪華な宮廷を率いていた。それに豹やラクダなど珍しい動物、金や絹を積んだロバなどの人目を引く行列が続いた。フリードリヒ二世のドイツにおける最大の目的は、ロンバルディーア都市同盟と手を結んだ息子のハインリヒ七世を処罰することにあったが、それだけではなかった。

ハインリヒ七世の処罰

ハインリヒ七世は、一二三五年七月二日、ヴィンプフェン城の広間に引き出され、父親フリードリヒ二世の足元にひれ伏した。フリードリヒ二世は、怯えて取り乱したハインリヒ七世を一瞥することも、声をかけることもなく、投獄した。かれは反逆の罪で王位を剝奪され、一二三六年初頭に南イタリアに移送された。フリードリヒ二世は、父親に公然と反抗したハインリヒ七世を公開処刑にするのではなく、南イタリアの牢獄に閉じ込め、ある意味で寛大に処罰した。

ハインリヒ七世はバジリカータのメルフィ南東に位置するサン・フェーデ城に収監された。そこからコセンツァの南にあるニカストロ城に移され、さらにニカストロの北東に位置するマルティラーノ城に移送される途中、一二四二年二月、ハインリヒ七世は馬もろとも絶壁から墜落して、みずから命を絶った。ハインリヒ七世は三〇歳であった。それを知らされたフリードリヒ二世は、「わが長男のハインリヒの運命を嘆かずにいられない」と悲しみと動揺を隠さず、亡くなった息子のために祈るようにシチリア王国の聖職者に求めている。フリードリヒ二世は、息子の遺骸をコセンツァの大聖堂に埋葬した。

フリードリヒ二世は、二人の孫を宮廷に引き取って、養育している。フリードリヒ二世は、息子ハインリヒ七世を失った父親の悲しみを理解してくれるように未亡人となった妻のマルガレーテに求めている。そこには、息子を死なせてしまった父親の苦悩と悲しみ、残された孫への愛情、さらに未亡人となった嫁への心遣いなど、血の通った人の子としてのフリードリヒ二世の感情を見ることができる。

三度目の結婚

ロンバルディーア都市同盟と戦いを交えることなく勝利を収めたいフリードリヒ二世としては、教皇の仲介によって通じて、ロンバルディーア都市同盟が抵抗をやめ、降伏することを願っていた。教皇グレゴリウス九世は、帝国の反逆者であるロンバルディーア都市同盟との争いにおいて、フリードリヒ二世が教皇の決定に従うべきであるという態度をとっていた。

フリードリヒ二世は、アルプス越えを阻止したことに相当する償いをロンバルディーア都市同盟が認めれば、戦争を思いとどまると、教皇に持ちかけた。これに対して、教皇は、みずからが下すいかなる調停であれ、それに無条件に従うことを、フリードリヒ二世とともに都市同盟に求めた。

教皇グレゴリウス九世とロンバルディーア都市同盟が水面下の交渉をおこなっていたとき、イザベル・ド・ブリエンヌを亡くしていたフリードリヒ二世は結婚を準備していた。フリードリヒ二世は、一二三五年七月、三度目の結婚をした。四一歳になろうとしているフリードリヒ二世の皇妃は、二一歳のイングランド王ヘンリー三世の妹で、前皇妃と同じ名前のイザベルであった。フリードリヒ二世がリエーティにいた教皇グレゴリウス九世を訪ねたときに、教皇がフリードリヒ二世にイザベルとの結婚を提案したと思われる。その婚姻契約書の作成のために、一二三五年二月に、ピエール・デッラ・ヴィーニャがロンドンに派遣された。

この結婚には、シュタウフェン家とヴェルフェン家の古くからの対立を解消しようという教皇グレゴリウス九世の思惑があった。イングランドのプランタジネット家との婚姻関係は、オットー三世をめぐって過去に生じたヴェルフェン家とシュタウフェン家の対立を取り除き、ドイツに政治的和解をもたらすという政治的な意味があった。それは一二三五年八月に開催されたマインツの諸侯会議で明らかになった。ヴェルフェン家の最後の後継者で、オットー四世の甥で、「子ども王」と呼ばれたオットーに、リューネブルク公爵とブラウンシュヴァイク公爵の称号が与えられた。

イザベルとの結婚式は一二三五年七月一五日にヴォルムスでおこなわれた。フリードリヒ二世がイザベルと同衾したのは、初夜ではなく、占星術者の占いで子どもをもうける好機とされた結婚式の翌朝であったと言われる。イザベルは女子マルゲリータを産んだ。結婚から三年後、ミラノを打破したコルテヌオーヴァの勝利の一週間後、イザベルは男子ハインリヒ・カルロットを産んでいる。

フリードリヒ2世とイザベルの結婚

フリードリヒ二世にとって、皇妃は王位継承者の母にすぎなかった。これまでの二人の皇妃と同様にイザベルも、公的な場に出ることはなかった。それは皇妃が権力の表象において二義的な役割しかなかったからである。

マインツでの諸侯会議

ヴォルムスでの結婚式後、一二三五年八月、フリードリヒ二世は、マインツで諸侯会議を開き、帝国支配に抵抗するロンバルディーア諸都市の制圧のために、一二三六年春に進軍することを決定した。これに対して、反皇帝派のロンバルディーアの都市は、一二三五年一一月初めにブレッシァで都市同盟を再結成した。

フリードリヒ二世は、息子ハインリヒ七世と手を組んだロンバルディーア都市同盟への攻撃の用意があることを教皇グレゴリウス九世に書簡で知らせていた。問題の平和的解決を模索していた教皇グレゴリウス九世は、ロンバルディーアの都市を攻撃するというフリードリヒ二世の主張を真に受けていなかったようである。

フリードリヒ二世は、アルプスを封鎖したことの補償問題をクリスマスまでに返答するように、教皇を通じてロンバルディーア都市同盟に強く促した。教皇グレゴリウス九世はロンバルディーア都市同盟との衝突をフリードリヒ二世に思いとどまらせ、平和的に解決するために、使者をローマに派遣するようにフリードリヒ二世に伝えた。フリードリヒ二世が選んだ使者は、このときも教会に受けの良い、腹心のドイツ騎士団団長ヘルマン・フォン・ザルツァであった。しかし、ロンバルディーア都市同盟はあらゆる交渉を拒否し、帝国に対する抵抗を強化していた。

聖女エリーザベトの再埋葬

フリードリヒ二世は、ロンバルディーア都市同盟との交渉を有利に運ぼうとして、一つの行動に出た。フリードリヒ二世は、テューリンゲン方伯夫人であった聖女エリーザベトを称揚し、マールブルクに建立された教会に埋葬した。ハンガリー王の娘に生まれたエリーザベトはテューリンゲン方伯ルートヴィヒと結婚した。エリーザベトは、ルートヴィヒがフリードリヒ二世の十字軍遠征に加わり、出発の前にブリンディジで疫病で亡くなると、修道院に入った。

テューリンゲン方伯夫人エリーザベトは、アッシジの聖フランチェスコの教えに従い、質素な家に住み、貧者に食事を施し、病人に手厚い介護をおこなった。テューリンゲン方伯夫人エリーザベトが一二三一年に二四歳で亡くなると、多くの人々が彼女の着衣の切れ端や、髪の毛や爪などを聖遺物として持ち去った。教皇グレゴリウス九世は、一二三六年五月一日、エリザベートを聖女に列していた。

フリードリヒ二世は、フランチェスコ会士にならって、素足で、質素な長上着を着て、多くの司祭や諸侯、民衆の見守るなかで、聖女エリーザベトの遺骨を墓から取り出し、豪華な装飾が施された棺に埋葬し、聖女エリーザベトの頭部に金の冠をのせ、マールブルクに建立された聖エリーザベト教会に埋葬した。このフリードリヒ二世の行動は、差し迫ったロンバルディーア都市同盟への軍事行動を懸念する教皇グレゴリウス九世に配慮したものであった。

ところが、教皇グレゴリウス九世が、戦略的に重要なヴェローナのポデスタにロンバルディーア都市同盟寄りの者を任命しようとしていることが判明した。ドイツ騎士団団長ヘルマン・フォン・ザルツァはただちにヴェローナに赴き、教皇グレゴリウス九世の工作を阻止し、皇帝派の都市として守った。ロンバルディーア都市同盟は、教皇が自分たちを必要としていることを理解していたので、皇帝に対して大胆に、徹底抗戦の立場をとっていた。

突然に持ち上がった十字軍遠征

ロンバルディーア都市同盟への攻撃が迫っていたとき、教皇グレゴリウス九世は突然に十字軍遠征をフリードリヒ二世に持ち出した。それはロンバルディーア都市同盟への攻撃を中止させる提案にほかならなかった。フリードリヒ二世は、アル・カーミルと結んだ休戦協定の期限は一〇年で、一二三九年までは有効で、その協定に違反することはできなかった。新しい十字軍を派遣するにしても、ロンバルディーアから帝国に対する反逆者を一掃した後のことであった。フリードリヒ二世は、帝国の平和が確立されていないかぎり十字軍遠征は不可能であると、教皇グレゴリウス九世に伝えた。

教皇グレゴリウス九世は、フリードリヒ二世に十字軍遠征を求めながら、ロンバルディーア都市同盟に肩入れするダブルスタンダードな行動をとり続けていた。フリードリヒ二世と都市同盟を仲介するために派遣された教皇特使のジャーコモ・ディ・パレスティーナは、皇帝側となっていたピアチェンツァを都市同盟側に寝返らせた。

教皇グレゴリウス九世は、十字軍遠征をフリードリヒ二世が断ると、急迫したロンバルディーア問題とは全く関係ない、シチリア王国にかかわる問題を持ち出した。それは、シチリア王国における「教皇代理権」、シチリア王国の教会に対する課税、ルチェーラに住むムスリムをキリスト教に改宗させないばかりでなく、かれらを家臣としていることなどへの批判であった。フリードリヒ二世は、この教皇グレゴリウス九世の批判に、あらためて討議する用意があると返答した。

フリードリヒ二世としては、帝国の権威に挑戦する異端の温床であるミラノを封じ込めるという目標を優先しなければならなかった。それは、皇帝という神聖な権力に基づく理念であり、シュタウフェン家の伝統的な方針であった。いまや、戦いを交えることなく、交渉で問題解決を図ることは不可能となり、ロンバルディーア都市同盟との対立は極限にまで高まった。

VII

ロンバルディーア都市同盟との戦い

「法の執行」としての戦い

フリードリヒ二世は、皇帝に公然と挑戦するロンバルディーア都市同盟との戦いを、帝国の平和を攪乱するものに対する「法の執行」と呼んだ。神から皇帝の地位を授けられたと考えるフリードリヒ二世にとって、神と皇帝は一体であり、その皇帝に対する不服従は瀆神行為で、異端であった。

フリードリヒ二世は、教皇庁の異端審問とは異なり、シチリア王国において謀反を起こすものを処罰する政治色の強い異端審問をおこなっていた。フリードリヒ二世は、国家の秩序を攪乱し、正義を冒瀆する反逆者、異端に憎悪を露わにした。異端に対する火刑という厳しい処罰にかかわる勅令には、次のように記されている。

彼らは火刑の判決を宣告され、すべての人々の目の前で焼き殺されることを命ずる。余は彼ら自身の望みに添ってこのような命令を下すのであり、このことで余の心が痛むはずはない。

フリードリヒ二世は、ロンバルディーア都市同盟と結託したハインリヒ七世を破門に付したように、都市同盟も破門にすべきであると教皇グレゴリウス九世に主張した。ロンバルディーア都市同盟への懲罰はフリードリヒ二世においては帝国へのシチリア王国の統合という目的に直結するものであったが、もちろんそれをフリードリヒ二世は公言しなかった。教皇グレゴリウス九世は最初から帝国へのシチリア王国の統合というフリードリヒ二世の究極的目的を見抜いていて、それを阻止するために、背後でロンバルディーアの諸都市を反皇帝へと煽ったのである。

フリードリヒ二世は、イングランドとハンガリーに支援を呼び掛けていた。フリードリヒ二世は普遍的な平和の保証こそが帝国の求めるものとして、次のように記している。

今日、全世界は帝国の息を吸っているのであるから、もし帝国が弱くなれば世界も弱体化し、もし帝国が強くなれば、世界も繁栄する。帝国は、あらゆる人のまえに、ありとあらゆる地上の権威のようなものであるから、人々の平和と正義を完全に目的としなければならない。

しかし、皇帝フリードリヒ二世、教皇グレゴリウス九世、そしてロンバルディーア都市同盟のいずれからも歩み寄りはなく、一二三六年六月に戦争は不可避となった。フリードリヒ二世は、同年七月二五日にピアチェンツァで諸侯会議を開催することをドイツ諸侯と北イタリアの諸都市に通告した。その会議の議題は異端との戦い、北イタリアの平和の回復、新たな十字軍の準備の三つであった。言うまでもなく、その目的は、ロンバルディーア都市同盟、すなわち皇帝権に逆らう異端としての都市を制圧し、平和を回復し、帝国へのシチリア王国の統合をすすめることであった。

始まった戦い

フリードリヒ二世は、一二三六年七月、一〇〇〇人の騎士を率いてアルプスを越え、八月中旬にヴェローナに宿営した。ヴェローナにはドイツから五〇〇人の騎士と一〇〇人の射手が先発隊としてすでに到着し、イタリアの皇帝派の都市から相当数の兵力が合流することになっていた。

北イタリアの東側にいたエッツェリーノ・ダ・ロマーノは、ヴェネツィアの支援を受けたパドヴァ、ヴィチェンツァと戦うことになる。北側から都市同盟派の都市ブレッシァに侵入した皇帝派の軍隊がモンテキアーロ要塞近くでフリードリヒ二世率いる軍隊と合流し、ヴェローナからクレモーナへの道が確保された。この時期のロンバルディーアの都市の状況は流動的で、ベルガモは都市同盟側から皇帝側に加わっている。

フリードリヒ二世は、一〇月末、パドヴァ、ヴィチェンツァ、トレヴィーゾを攻撃していたエッツェリーノ・ダ・ロマーノに加勢するために、クレモーナを出発した。フリードリヒ二世率いる軍は、クレモーナから一一二キロ離れたヴェローナのサン・ボニファーチョに夜を徹して到着し、「一切れのパンを食べる」だけの短時間の休憩の後、ヴィチェンツァに向かった。エッツェリーノ・ダ・ロマーノが支配していた戦略的に重要なヴィチェンツァに入城したフリードリヒ二世は、ヴェローナとフェッラーラを結ぶ地域を支配した。

エッツェリーノ・ダ・ロマーノは、征服した地域に火を放ち、徹底的に破壊しつくす残虐な行動で、フリードリヒ二世の参謀となった人物であった。フリードリヒ二世は、征服地を一緒に歩いていたエッツェリーノ・ダ・ロマーノに、言葉少なに、身振りで、征服地で権威を知らしめる最良の方法を示した。高く伸びた牧草の穂を刀で切り落とし、「このようにしなければ」と言ったという。それは、一段と力を増し、自治を要求するミラノのような都市の芽を摘むということをさしている。

一二三六年の第一回の「法の執行」は短期間で終わった。それはロンバルディーア都市同盟の出方と、教皇グレゴリウス九世の反応を見るための小手調べであった。フリードリヒ二世は、エッツェリーノ・ダ・ロマーノという強力な味方を得て、ヴィチェンツァを支配下においたことで、ロンバルディーア都市同盟との戦いは短期間で終わると楽観的に考えたようである。

フリードリヒ二世は一二三六年の冬をウィーンで過ごしている。そこで、かれは、謀反を起こしたバーベンベルク家を制圧し、シュタウフェン家の支配を固め、ウィーンを帝国直属都市とした。そこで翌年二月に諸侯会議を開催し、九歳のコンラート四世をドイツ王に選出したが、コンラート四世がハインリヒ七世のような事態を引き起こすことを避けるために、戴冠式はおこなわなかった。

天下分け目のコルテヌオーヴァの戦い

一二三七年八月、フリードリヒ二世がレヒフェルト城でロンバルディーアへの再出陣に備えていたとき、ドイツ騎士団団長ヘルマン・フォン・ザルツァは教皇グレゴリウス九世と困難な交渉をおこなっていた。前年のフリードリヒ二世の勝利もあって、教皇側は皇帝に受けのよい枢機卿を交渉人とし、ロンバルディーア都市同盟も柔軟になっていた。

フリードリヒ二世は、一二三七年九月中旬、ドイツ人騎士二〇〇〇人を率いてヴェローナに到着し、クレモーナが指揮する皇帝派の諸都市の軍隊と合流した。続けて、シチリア王国の騎士とムスリムの射手など七〇〇〇人、ロンバルディーアの皇帝派の都市の部隊、エッツェリーノ・ダ・ロマーノの部隊と、つぎつぎに到着した。そのとき、フリードリヒ二世側の兵力はおそらく一万二〇〇〇から一万五〇〇〇人であった。

フリードリヒ二世の圧倒的な軍勢を前に、マントヴァは恭順の意思を表明した。フリードリヒ二世軍は、難攻不落のモンテキアーロ要塞を一四日にわたる包囲攻撃で陥落させ、ブレッシァに向かった。そこでは、ロンバルディーア都市同盟側が一万人の兵力で城内に籠城し、防備を固めていた。フリードリヒ二世は、ブレッシァを陥落させるために、捕虜を攻城塔に縛りつける戦術をとったが、ブレッシァは外堀を埋めていたフリードリヒ二世側のポルカ（雌豚）と呼ばれる攻撃兵器を焼き払った。

フリードリヒ二世がロンバルディーア都市同盟と雌雄を決したのは、一二三七年一一月のコルテヌオーヴァの戦いである。ロンバルディーア都市同盟の軍勢は、一〇月のうちに、クレモーナに近いオーリオ川沿いの湿地帯から離れたポンテヴィコの近くに野営していた。フリードリヒ二世軍とロンバルディーア都市同盟軍は、ポンテヴィコの近くのオーリオ川に注ぐ小川をはさんで対峙した。

フリードリヒ二世は陽動作戦をとった。かれは冬を過ごすためにクレモーナに移動すると見せかけて、軍の大部分を南のクレモーナに向かわせる一方、騎兵とムスリムの射手はオーリオ川沿いに北の上流に向かわせた。それを遠くから監視していたロンバルディーア都市同盟軍側は、フリードリヒ二世の策にはまって、上流に向かったフリードリヒ二世軍を追撃しなかった。

フリードリヒ二世軍側は、オーリオ川を渡るロンバルディーア都市同盟軍をソンチーノで待ち伏せして、迎え撃つ戦術をとった。北イタリアは秋から冬にかけて雨期にあたり、霧に覆われ、道はぬかるみとなっていた。待ち伏せが無駄に終わるかと思われたとき、ロンバルディーア都市同盟軍がポントリオ付近でオーリオ川を渡り始めた。

フリードリヒ二世は、夜明けに攻撃を仕掛けるのを得意としていた。ドイツ人騎兵からなるフリードリヒ二世軍は、一一月二七日早朝にソンチーノからポントリオに向かい、ロンバルディーア都市同盟軍を急襲した。この戦いは、その日の宵闇が迫るころに、ベルガモ南東のコルテヌオーヴァで、フリードリヒ二世軍が勝利した。これがフリードリヒ二世とロンバルディーア都市同盟との天下分け目のコルテヌオーヴァの戦いである。

ロンバルディーア都市同盟軍はフリードリヒ二世軍に完膚なきまで打ちのめされた。セッティアの研究によれば、これほどの多くの人間が死んだ戦闘はこれまでになく、十分な墓を用意することもできなかった。ちなみに、当時は戦死したものを埋葬することはなかったようである。ロンバルディーア都市同盟軍の三〇〇〇人の歩兵、一〇〇〇人以上の騎士がフリードリヒ二世の捕虜となった。そのなかには、ミラノのポデスタで、ヴェネツィアのドージェ（統領）の息子、ピエトロ・ティエーポロが含まれていた。

ミラノのカッロッチョの奪取

ロンバルディーア都市同盟軍は、コルテヌオーヴァに配置された都市ミラノの旗を掲げたカッロッチョ Carroccio と呼ばれる旗車の周りに集まり防戦したが、カッロッチョはフリードリヒ二世側に奪われた。都市ミラノの自由のシンボルであるカッロッチョには守護神サンタンブロージョが鮮やかな色で描かれており、赤字に白い十字架を施したゴンファローネと呼ばれる都市ミラノの旗がたてられていた。

ゴンファローネは平時には大聖堂に置かれ、コルテヌオーヴァの戦いのように、ミラノにとって存亡の戦いのときには戦場に移された。サリムベーネやジョヴァンニ・ヴィラーニといった年代記作者が記しているように、カッロッチョはランゴバルド族やフランク族が牛に曳かせた旗車であった。ちなみに、ミラノのカッロッチョが皇帝側に渡ったのはこれが初めてではなく、一一六二年三月に皇帝軍に屈服したとき、カッロッチョは「赤髭王」に引き渡されていた。

フリードリヒ二世軍は、ミラノ軍から奪ったカッロッチョを曳いて、捕虜と戦利品とともに、クレモーナに凱旋入城した。凱旋を告げるファンファーレは、ローマ軍の勝利を彷彿とさせるものであった。捕虜となったミラノのポデスタであったピエトロ・ティエーポロはクレモーナの町を引き回された。フリードリヒ二世は、コルテヌオーヴァにおける勝利の後、世界の支配者として、「カエサル、メシア的皇帝、アンチキリスト」の三要素が一体となったと、カントーロヴィチは指摘している。

ミラノのカッロッチョ（左端）を曳いて行進するフリードリヒ２世軍

ミラノのシンボルであるカッロッチョは、その後ローマのカンピドーリオの丘に展示されることになる。サリムベーネの年代記ではローマ人がフリードリヒ二世に対する憎しみからカッロッチョを焼き払ったと記されているが、それは事実とは異なり、ローマ人は歓呼の声でカッロッチョを迎えている。フリードリヒ二世は、ローマ市民と元老院に宛てたミラノから奪ったカッロッチョの送り状に、次のように記している。

> われわれは、帝国の起源と認める都市の名誉を高く掲げることなしに、帝国の威厳を高めることはできない。われわれは、元老院とローマ市民が達成した栄光ある武勲に凱歌と月桂樹を捧げる古代の皇帝、カエサルの記憶に目を向けよう。勝利の旗印のもとに、敵の戦利品としてイタリアの徒党の首領である敗者ミラノとそのカッロッチョを差し向ける。

ローマの中心であるカンピドーリオの丘に置かれたカッロッチョは、ローマの神々しい皇帝、カエサルの後継者であるフリードリヒ二世を、「幸いなる勝利者にして凱旋者」として誇示するものであった。コルテヌオーヴァの戦いの戦利品であるミラノのカッロッチョを「ローマ帝国の中心」のカンピドーリオの丘に展示することは、古代ローマの理念と結びついた神聖ローマ帝国の皇帝フリードリヒ二世にとって重要な意味があった。フリードリヒ二世にとって、ローマは帝国の起源であり、皇帝の都市であった。ローマの尊厳は神聖ローマ帝国の尊厳であった。

ローマは一つの都市であると同時に、ペトロの地位を継ぐ教皇が司教をつとめる教皇庁の所在地であった。それは現在も変わらない。ローマはイタリアの首都であり、教皇庁の所在地である。それはローマの特殊性である。

一一四四年に元老院が復活した都市ローマは、住民が政治主体であり、カンピドーリオの丘にある元老院が支配していた。フリードリヒ二世は、ローマ市民と元老院によって皇帝権が委譲されたものと考えていた。そのローマの支配を確実なものとするために、フリードリヒ二世はすでに手を打っていた。かれは、北イタリアにおける皇帝権の確立を見据えて、一二三六年にローマの皇帝派の貴族に対する働きかけをおこなっている。

フリードリヒ二世は、ローマ貴族の宮殿、田畑、葡萄畑などを買い上げて、それを封土としてかれらに与え、封臣とした。コロンナ家のアウグストゥス霊廟、フランジパーネ家のコロッセオ、ティトゥスとコンスタンティヌスの凱旋門はフリードリヒ二世の所有となった。フランジパーネ家にはシチリア王国の領地を封土として授与した。ローマ市民はフリードリヒ二世から無関税の通商権が与えられた。それによって、ローマではフリードリヒ二世支持者が一段と数を増し、一二三六年には皇帝派の元老院議員が選出され、反教皇の反乱を扇動している。

フリードリヒ二世は、頑迷な教皇グレゴリウス九世に批判的なコロンナ家出身のジョヴァンニ・コロンナ枢機卿に働きかけて、教皇庁内部に亀裂を生じさせようとした。そのこともあり、教皇グレゴリウス九世はフリードリヒ二世のローマ侵攻は避けられないと感じ始めていた。ローマにおける教皇グレゴリウス九世の弱体が明らかになるのは、コルテヌオーヴァの戦利品であるミラノのカッロッチョがカンピドーリオの丘の上に置かれたときである。それを祝う式典に、ローマの元老院議員とともに何人かの枢機卿も参加していた。

抵抗を続ける都市同盟

フリードリヒ二世は、コルテヌオーヴァの勝利を過大評価し、ロンバルディーアのすべての都市を完全に服従させることができると考えていた。しかし、コルテヌオーヴァの勝利は北イタリアに対するフリードリヒ二世の完全な勝利を意味するものではなかった。ミラノでは敗北の混乱から市民の一部が教会を襲撃する騒乱が起こっていたが、ミラノの本丸はしっかりと守られていた。

フリードリヒ二世がロンバルディーア都市同盟におこなった要求は、全面降伏に等しいものであった。それは、皇帝支配への恭順、都市同盟の解散、捕虜の引き渡し、帝国の役人の受け入れなどであった。

ロンバルディーア都市同盟側の求めたのは、都市の城壁の保持、コンタード（都市周辺の農村地帯）に対する権利であった。都市同盟側はフリードリヒ二世の要求のほぼすべてを受け入れたが、フリードリヒ二世が強く求めたアルプス越えの道の閉鎖などに対する賠償には応じなかった。

フリードリヒ二世がロンバルディーア都市同盟側の抵抗を教皇グレゴリウス九世に伝えると、教皇はそのことには応えずに、新たな問題を持ち出した。それは、シチリア王国の司教選出にフリードリヒ二世が介入したということ、ロンバルディーア問題とは無関係のことであった。皇帝側の交渉人であるドイツ騎士団長ヘルマン・フォン・ザルツァは教皇との衝突を最小限におさえる努力を続けた。

新たな戦いの準備

フリードリヒ二世は、神に託された帝国の正義と平和に敵対する、異端のミラノへの十字軍をヨーロッパの君主に向けて呼び掛けた。一二三八年夏までに、フリードリヒ二世の軍勢は、コンラート四世率いるドイツ諸侯のほかに、シチリア王国の騎士やムスリムの親衛隊、北イタリアの皇帝派の都市の軍隊、トスカーナの騎士、ブルゴーニュ、フランス、イングランドなどの騎士と、大規模なものとなった。この部隊には、皇帝の宮廷のほかに、兵糧、武器、弾薬などの軍用品を運ぶ輜重隊《しちょうたい》を備えており、動物の世話をするムスリムもいた。

ロンバルディーア都市同盟との新たな戦いを準備していたときに、フリードリヒ二世は娘セルヴァッジァを重要な側近となっていたエッツェリーノ・ダ・ロマーノに嫁がせている。くわえて、容貌で最も父親に似ていたといわれる、ドイツ人女性との間に生まれた二〇歳のエンツォに、騎士となる刀礼の儀式をおこない、サルデーニャ島にある小国を相続するアデラーシアと結婚させている。教皇グレゴリウス九世はこの結婚を認めなかったが、フリードリヒ二世はそれを実行し、教皇グレゴリウス九世との間に新たな火種が生まれた。

ブレッシァへの攻撃

フリードリヒ二世は、一二三八年、同盟都市のなかでミラノに次いで強力なブレッシァへの攻撃を開始した。フリードリヒ二世はフランスなどの騎士からなる強力な軍隊を擁しており、野戦を交えようとした。しかし、ブレッシァは野戦を避けて、城門を閉じて籠城したため、フリードリヒ二世側は包囲攻撃しか方法がなかった。フリードリヒ二世側がブレッシァの城壁に攻城塔を立てかけ、投石機にブレッシァ人の捕虜を括りつけて投擲《とうてき》すると、ブレッシァ側は報復として皇帝側の捕虜を投げ返すという残酷な戦いとなった。

ミラノなど五つの都市と連合したブレッシァの徹底抗戦で、フリードリヒ二世側は成果のないまま、二ヵ月にわたる包囲攻撃ののちに、一二三八年一〇月にクレモーナに撤退した。ブレッシァ戦はフリードリヒ二世の敗北に等しかった。反皇帝の北イタリア諸都市への軍事的懲罰は、フリードリヒ二世が考えるほど容易ではないことが明らかになった。教皇グレゴリウス九世は、フリードリヒ二世の軍事的優位を崩すために、策略と奸計に長けた教皇使節を任命し、反フリードリヒ二世工作をおこなわせた。

教皇グレゴリウス九世は、ヴェネツィアとジェノヴァの二つの海洋都市と反フリードリヒ二世の同盟を締結した。ヴェネツィアは、トレヴィーゾ辺境地を支配する皇帝勢力に脅威を感じていたことのほかに、コルテヌオーヴァの戦いでミラノのポデスタであったドージェの息子ピエトロ・ティエーポロを捕虜にし、凱旋行軍で引き回し、プーリアの獄に閉じ込めていたことで、フリードリヒ二世に強く反発していた。

亀長洋子によれば、コルテヌオーヴァの勝利の後、「赤髭王」の時代に拒否されていた臣従礼と恭順の意をフリードリヒ二世が示すようジェノヴァに要求したことで、ジェノヴァは教皇派の立場に傾くことになる。ポデスタにミラノ人がつき、教皇派が権力を掌握していたジェノヴァは、ピーサとともにイスラーム勢力から奪還したサルデーニャ島の統治を教皇から委任され、自分の支配地と見なしており、エンツォがサルデーニャ島のアデラーシアと結婚したことに不満をいだいていた。

教皇グレゴリウス九世はフリードリヒ二世との関係が破綻したことを一二三九年三月二〇日に認めた。教皇グレゴリウス九世は、一二三〇年のサン・ジェルマーノ協定に違反するとして、シチリア王国の司教選挙に介入し、教会を支配しようとしたフリードリヒ二世に抗議した。くわえて、ロンバルディーア都市同盟との戦いを口実に十字軍遠征を実行しなかっただけでなく、ローマで教皇に敵対する勢力を扇動したことも非難した。

フリードリヒ二世は、教皇グレゴリウス九世がロンバルディーア都市同盟との関係を調停するかのように見せかけて、背後でロンバルディーア都市同盟を支援していることに激しく反発した。フリードリヒ二世が教皇グレゴリウス九世と繰り広げた対立と抗争は、両者が譲歩できる範囲をはるかに超え、修復できないものとなっていた。

VIII

教皇との戦い

二度目の破門

フリードリヒ二世は破門宣告が間近に迫っていることを察知していた。かれは、一二三九年初頭、パルマに続いてパドヴァを訪れ、サンタ・ジュスティーナ修道院に滞在し、鷹狩りや宴会をおこない、長い冬を過ごしていた。一二三九年三月二〇日、棕櫚《しゅろ》の枝の主日、教皇グレゴリウス九世は、フリードリヒ二世に破門を宣告した。棕櫚の枝の主日とは、復活祭直前の日曜日、キリストのイェルサレム入城のときに民衆が棕櫚の葉を振って歓迎したのを記念して、信者が教会から棕櫚の葉やオリーヴの枝を授けられ、祝別される日である。

教皇グレゴリウス九世がフリードリヒ二世に破門を宣告した日、サレルノで病気療養中のドイツ騎士団団長のヘルマン・フォン・ザルツァが亡くなった。かれは、教皇とフリードリヒ二世の両方に信頼され、相互理解と和解に尽力し、フリードリヒ二世と教皇の対立をなんども解決してきた人物であった。ヘルマン・フォン・ザルツァの死とともに、キリスト教世界の安定は失われ、「二つの鞘に入った二つの剣」、すなわち教会と帝国の二つの勢力は罵り合い、激しく抗争することになる。

破門から一週間後、パドヴァにいたフリードリヒ二世に破門の宣告が届いた。破門の宣告は、ローマ教会に対する「騒擾の教唆者」である「皇帝と呼ばれるフリードリヒ」という言葉で始まっている。続けて、「シチリア王国にある司教館や自由な教会を占領し破壊、冒瀆し」、「教会財産とサルデーニャ島を奪った」と、フリードリヒ二世に対する罪状が列記されている。破門の理由は、ロンバルディーア都市同盟との戦いではなく、シチリア王国における古くからの「教皇代理権」の問題であった。

くわえて、教皇グレゴリウス九世は、十字軍遠征に際してブリンディジで疫病で亡くなったテューリンゲン方伯ルートヴィヒ四世をフリードリヒ二世が毒殺したとか、キリスト教徒に害を加えるような契約をスルタンと結んだとか、根拠のない誹謗中傷でフリードリヒ二世を攻撃した。破門宣告の最後の部分で、教皇グレゴリウス九世は、フリードリヒ二世の皇帝としての正当性に疑義を表明した。

汝はその発言と行動から重大にも威信を失墜しているように、実際のところキリスト教信仰の正しい理解が示されていないという声が世界のあらゆるところで高く叫ばれている。神が望まれるならば、この場合に要求される権利の手順にしたがって、しかるべき時と場所で、この事柄を実行することであろう。

これに対して、フリードリヒ二世は、帝国に反逆するロンバルディーア都市同盟と手を組んだ教皇こそ、異端であり、自分に対する破門宣告は神に対する冒瀆的行為であると考えていた。フリードリヒ二世に対する破門宣告は、制御不能な、敵意剝き出しの非難合戦に発展することになる。

「ヨハネの黙示録」を駆使した教皇のフリードリヒ二世批判

フリードリヒ二世は、一二三九年四月二〇日にトレヴィーゾで発したキリスト教世界の君主と諸侯に宛てた長文の回状で、教皇グレゴリウス九世との論戦の火ぶたを切った。それは、「目を上げ、あたりを見回し、耳をそばだてよ。全世界の醜聞、人民の不和、正義の放逐を悲しむがよい」、という言葉で始まっている。

フリードリヒ二世は、帝国に対する反逆者であるミラノを教皇が支援したことで、教皇グレゴリウス九世に異端の烙印を押した。フリードリヒ二世の主張は「世界に不和をもたらし、地上から平和を奪っている」教皇に代わって、地上に平和をもたらす救済の使命を果たすのは皇帝であるということであった。フリードリヒ二世の教皇に対する批判は、国王や諸侯への貪欲な金銭的要求にまで及んだ。フリードリヒ二世は、自分が正当であることを証明する、聖職者だけでなく世俗の君主も参加する公会議を開催するように枢機卿に働きかけた。

他方、破門宣告から約三ヵ月後の一二三九年七月一日、教皇グレゴリウス九世が、キリスト教世界の司教、国王に向けて発した回勅は次のような言葉で始まっている。

一匹の獣が海から上がって来るのを見た。その獣は一〇本の角と七つの頭を持っており、その角の上には一〇の王冠を戴き、またその各々の頭には神を冒瀆するさまざまな名前が記されていた。

この文章は「ヨハネの黙示録」の一三章にある。「ヨハネの黙示録」は、イエス・キリストがすぐに起こるはずの一連の事柄を使徒ヨハネに知らせ、ヨハネが「イエス・キリストの黙示」として書き留めたものである。「ヨハネの黙示録」は、迫りくる終末、最期の審判、キリストの再臨と神の国の到来に続く一千年では現世が幸福に統治されるという黙示、アポカリプスであった。「ヨハネの黙示録」は長年の議論ののち、新約聖書の最後の一巻となった。キリスト教の歴史において、「ヨハネの黙示録」はしばしば濫用され、政治的・社会的に大きな影響をもたらしたが、その一つが教皇グレゴリウス九世の回勅で、「皇帝と呼ばれるフリードリヒ」が海から出てくる「獣」と同一視されたことである。「ヨハネの黙示録」二〇章で、千年王国について、次のように記されている。

また私は、一人の天使が、底なしの深淵の鍵と大きな鎖とを手にして、天から降って来るのを見た。そして、竜、かの太古の蛇――これは、悪魔でありサタンである――をつかまえ、一千年間縛った。そして、その竜を底なしの深淵に投げ込んで錠をおろし、その上に封印した。一千年の期間が終わるまで、竜がもはや諸民族を惑わすことのないためである。

「ヨハネの手紙」には、キリストが地上を直接に支配する千年王国が近くなると、キリストの敵である牢獄から解き放たれた「海辺の砂のように多い」獣やサタンとの最終戦争を経て、最後の審判が待っており、キリストの再臨にはアンチキリストの先駆者の出現が先行すると、記されている。

子供たちよ。今は終りのときである。あなたがたがかねてアンチキリストが来ると聞いていたように、今や多くのアンチキリストが現れてきた。それによって今が終わりのときであることを知る。

教皇グレゴリウス九世は、フリードリヒ二世を神に対する反逆のシンボルである海から顔を出した終末期の獣に譬え、異端と位置付けた。フリードリヒ二世は「神が一人の処女から生まれたと信じる者はすべて狂人」であり、「男と女が性交することなくして誰も生まれない」と主張していたといわれるが、教皇グレゴリウス九世はそのことでもフリードリヒ二世を紛れもない異端とみなした。

フリードリヒ二世は、一二三九年七月、教皇グレゴリウス九世の黙示録的・終末論的な回勅に反撃した。かれは、教皇グレゴリウス九世を「背徳的な教理の教壇に座る偽善者」と批判し、教皇こそ「巨大な竜」であり、「アンチキリスト」であり、「暗闇の君主たちのなかの君主、司祭職を獣の支配に変えるキリストの偽代理人」と反論した。さらに、フリードリヒ二世は、教皇グレゴリウス九世を権力に執着し、守銭奴であり、快楽の虜で、隣人と貧者に愛をもって接するキリストとは相反する人物と記している。

これに対して、教皇グレゴリウス九世は、シチリア王国の人々を虐げ、十字軍遠征を妨害し、ムスリムを友人とするフリードリヒ二世を異端、アンチキリストと宣告している。教皇グレゴリウス九世は、一二四〇年六月、フリードリヒ二世を公然とアンチキリストと呼んだばかりでなく、「ヨハネの黙示録」に出てくる竜とし、一二四一年七月には「古代の竜の代理人」になぞらえている。このような批判は、フリードリヒ二世の廃位が宣言される一二四五年にかけて、教皇インノケンティウス四世においてもおこなわれた。

教皇グレゴリウス九世とフリードリヒ二世の非難の応酬は、それぞれの尚書の闘争でもあった。フリードリヒ二世側は尚書長官で、「ロゴテータ」であったピエール・デッラ・ヴィーニャが書き、教皇側のものはヴィテルボの枢機卿ラニエーロの手によるものであった。教皇側の非難と攻撃は、カントーロヴィチによれば、フリードリヒ二世を断罪し、滅ぼすことを目的としていたものの、聖書上の思考様式や表現様式がすでに枯渇していたのに対して、フリードリヒ二世側の批判には正義の皇帝、救済者などの新しい観念がちりばめられていた。敵意剝き出しの激しい闘争で、「創造的な活動を展開したのは皇帝側の尚書であった」。

ジョアッキーノ・ダ・フィオーレ

フリードリヒ二世を批判するものは、ジョアッキーノ・ダ・フィオーレの寓意的な聖書解釈をもとに、かれをアンチキリストとみなし、「ヨハネの黙示録」の預言に合わせようとした。カラーブリアの修道院長であったジョアッキーノ・ダ・フィオーレは、一二世紀末、神の霊感をうけて、聖書の寓意的な解釈をおこなった。それは父と子と聖霊という神の三位一体になぞらえて、父の時代、子の時代、聖霊の時代の三つの時代に分けて、それぞれの時代において俗人、聖職者、修道士にたいして人間社会の秩序を当てはめたものであった。

ジョアッキーノ・ダ・フィオーレによれば、第二の時代の最終局面で、教会を世俗化し、腐敗させ、最後には破壊する世俗の君主、すなわちアンチキリストが支配することになる。アンチキリストの失墜は精霊の時代の始まりで、続く第三の時代は歴史の光り輝く頂点であり、精神的な修道生活であった。

ジョアッキーノ・ダ・フィオーレは一二〇二年に亡くなり、フリードリヒ二世に直接に会ったことはない。ジョアッキーノ・ダ・フィオーレの終末論は、とくにフランチェスコ会士に影響を与えた。アッシジの聖フランチェスコの清貧の理念を実践する、フランチェスコ会聖霊派の修道士は、ジョアッキーノ・ダ・フィオーレに強く影響を受けて、独自の終末論を展開し、フリードリヒ二世をアンチキリストの先駆者、あるいはアンチキリストそのものという説を流布した。

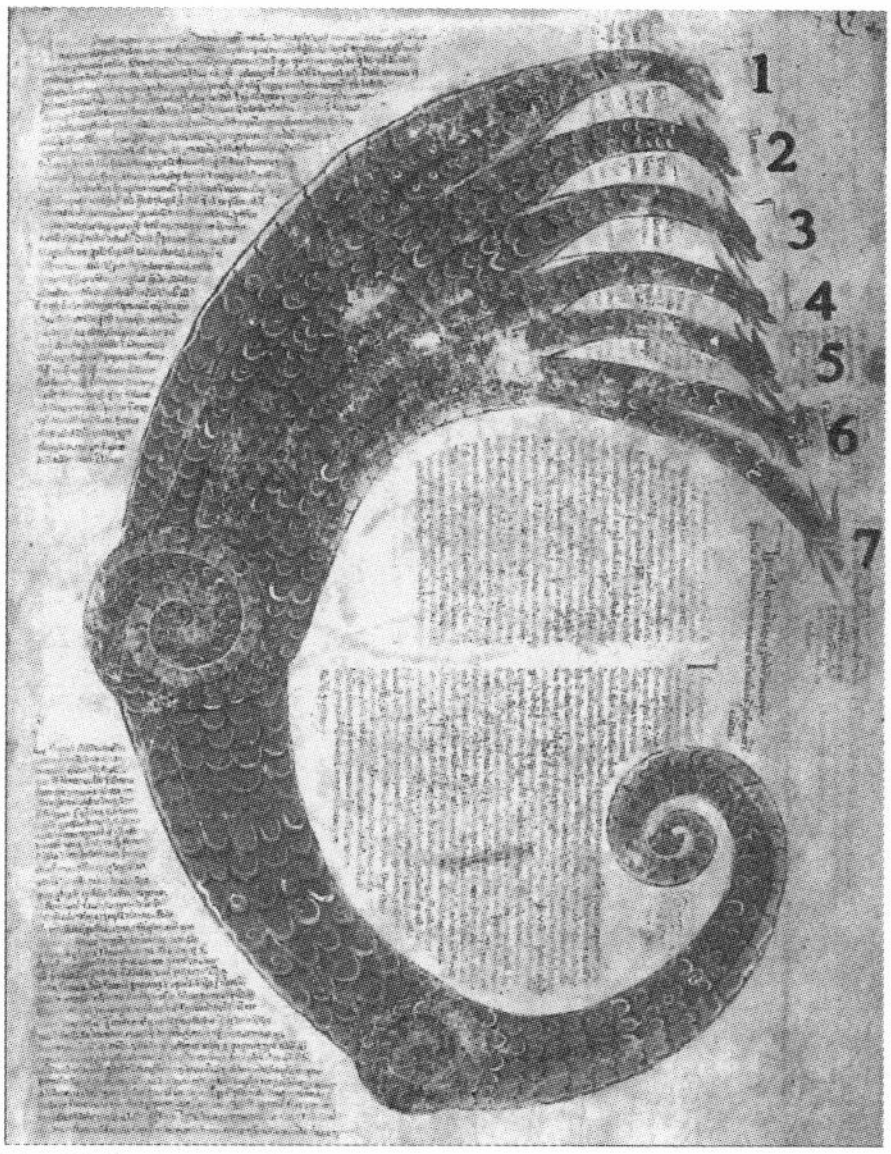

『人物像本』にある７つの頭をもつ竜

フリードリヒ二世をアンチキリストとする主張は、ジョアッキーノ・ダ・フィオーレが自分の考えを描いたとされる写本の細密画をもとにしていた。それはオックスフォード大学図書館に所蔵されている写本『人物像本』Liber figurarum である。

『人物像本』の七つの竜の頭はヘロデ、ネロ、コンスタンティヌス、ムハンマド、アブドゥルムウミン（一二世紀に北アフリカで建国されたムワッヒド朝の創始者であり初代アミール。ベルベル人のザナータ族の出身）、サラディンと「名前のないアンチキリ

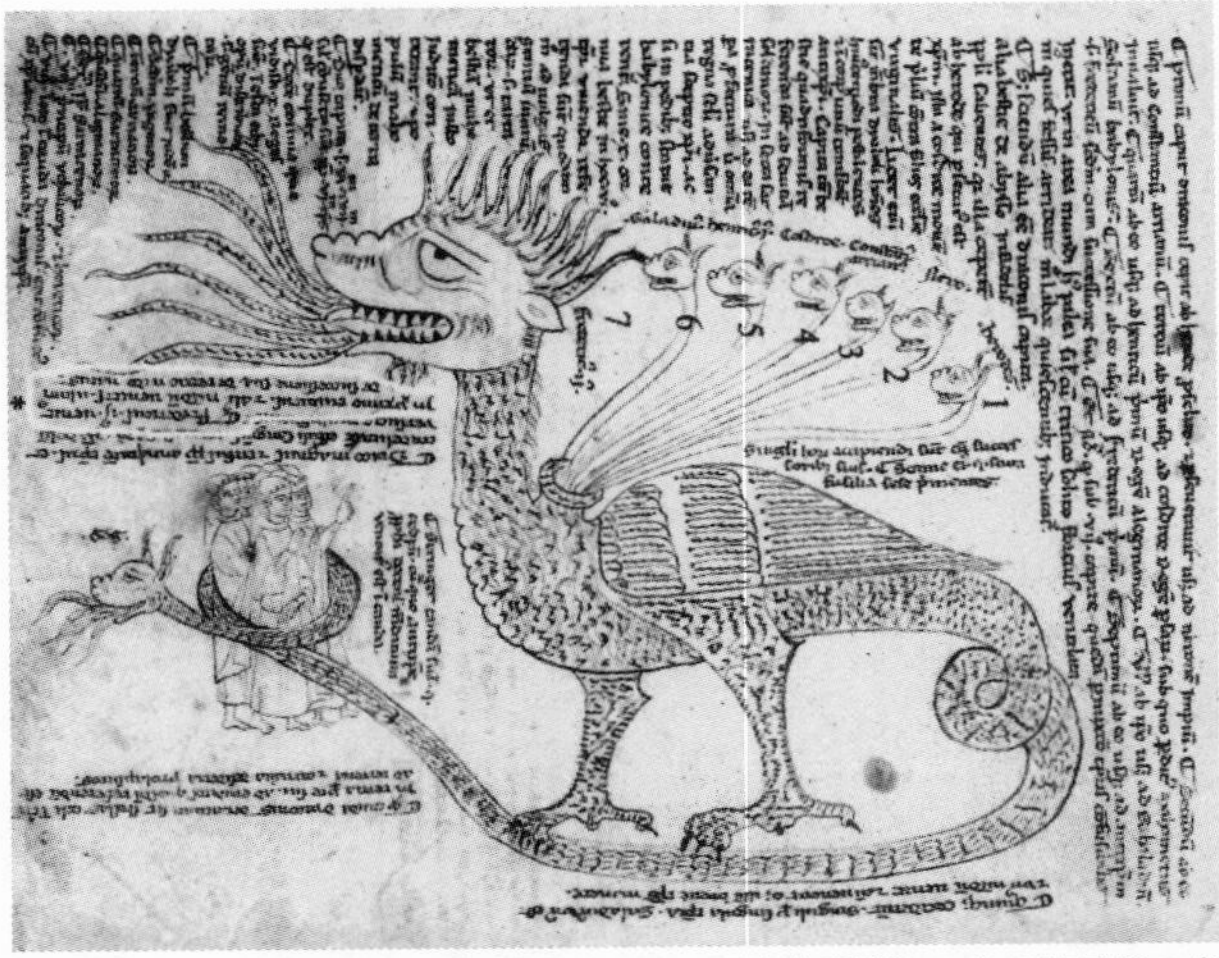

『預言者の責任についての本』（ヴァチカン図書館所蔵）にある黙示録の竜

スト」で、教会がこれらの君主たちによって迫害をうけたと描かれているが、フリードリヒ二世をアンチキリストとは明示されていない。

ヴァチカン図書館に所蔵されている、一四世紀初頭に書かれたと言われる『預言者の責任についての本』*liber de oneribus prophetarum* でも、七つの竜が描かれている。七番目の大きな頭の竜はほかの六個の小さな頭の竜を支配している。それには「巣窟で生まれた三番目の、継承者の最後であるシチリア人であるフリードリヒが破滅に近づいた」と説明がある。そのフリードリヒは、イングランドのイザベルとの結婚で生まれたマルゲリータの息子を指していると思われる。この図像では、フリードリヒは海から現れたライオンの口を持ち、豹の体の獣として描かれ、尻尾にぐるぐる巻きにされた素足のフランチェスコ会修道士がいる。

フリードリヒ二世は一二三九年七月二四日にピアチェンツァで公布した宣言で、「マタイによる副音書」にあるイエスの言葉である「カエサルのものはカエサルに、神のものは神に返せ」という原則を示した。それは、イタリアの帝国領を本来の持ち主である皇帝に返せという意味で、ロンバルディーア都市同盟に対する警告であった。ついに、フリードリヒ二世は、教皇グレゴリウス九世に、これまで胸に秘めて公言しなかった真の目的である帝国へのシチリア王国の併合を次のように明言した。

救世主の神意が寛大で、驚くべき方法で、私の幸運な歩みを導くならば、イェルサレム王国がわが息子コンラートに相続され、わが母からもたらされた光り輝くシチリア王国と同様にドイツ人の強力な集合体が、すべてわれわれの法の下で、より完璧な平和にあるだろう。世界中が認めるように、われわれの遺産であるイタリアの中間にある地域も帝国へ服従し、統一されるからである。このように、私は効果的に進めるであろう。

教皇グレゴリウス九世は、「神のもの」と「カエサルのもの」の区別を受け入れなかった。教皇グレゴリウス九世は、「汝は、キリストの継承者である教皇がすべての国王、すべてのキリスト教の諸侯の指導者であり、支配者であることを忘れている」と、教会があらゆる国王、皇帝の上位にあると、フリードリヒ二世に返答した。

中世ヨーロッパの最大の世俗的な権力者であった皇帝は、ローマに進軍できる軍事力をもち強力であったが、教皇から破門、廃位を宣言される弱みがあった。教皇はその皇帝の弱点を突いて、皇帝の企てを妨害した。

フリードリヒ二世は、「われわれは、教皇グレゴリウス九世を気にすることなく、帝国の旗印のもとでイタリアを再興することを心に誓う」と述べたが、それは教皇グレゴリウス九世への宣戦布告にほかならなかった。

火の手が上がった北イタリア

フリードリヒ二世の破門が伝わると、都市同盟側は勢いづき、一二三九年後半、いたるところで皇帝に対する反乱の火の手が上がった。中部イタリアのラヴェンナが教皇派のボローニャの保護下に置かれた。フリードリヒ二世は、ボローニャを二週間かけて征服した後、パルマの反乱を鎮圧した。

フリードリヒ二世はきわめて厳しい状況に追い込まれていた。ピアチェンツァが教皇グレゴリウス九世による策謀でロンバルディーア都市同盟側に移ったことで、フリードリヒ二世がそこで予定していた諸侯会議は不可能となった。教皇グレゴリウス九世は、フリードリヒ二世との講和を締結することをミラノに思いとどまらせた。ヴェネツィアとジェノヴァはシチリア王国の征服のために船と軍隊を提供することを教皇グレゴリウス九世に申し出ていた。

フリードリヒ二世は、一挙に勢力を盛り返そうと、ロンバルディーア都市同盟の盟主ミラノへの攻撃をおこなった。フリードリヒ二世は、難攻不落のミラノに対して包囲攻撃ではなく、野戦におびき出そうとした。ミラノは、フリードリヒ二世の作戦に乗ることなく、攻撃を受けると城壁の内部に引きこもり、抵抗を続けた。フリードリヒ二世は、ミラノ攻略を諦めてピアチェンツァを攻撃したが、降水の多い冬場であったことで、作戦を中断しなければならなかった。

キリスト像と一体化したフリードリヒ二世

フリードリヒ二世は、一二三九年の二度目の破門、それに続く教皇との抗争が激化したころから、みずからをキリストと同一化し始めた。一二三九年八月に、フリードリヒ二世は自分の生誕地のイェージ宛の書簡で、イェージをベツレヘムになぞらえている。

余はアンコーナ辺境伯領の高貴なる都、余の貴き誕生の地、その地において神々しき母が余をこの世に産み、その地で余の揺り籠が光り輝いたイェージを最も深い愛をもって抱擁する。そのありかが余の記憶から消え失せぬように、余のベツレヘム、カエサルの土地、カエサルの故郷が胸に深く根を張り続けるように。かくして汝、ベツレヘム、辺境の都よ、汝は余の血筋を引く君主の都の中で最小の都どころではない。なんとなれば、汝から皇帝が、ローマ帝国の君主が世に出たからであり、この君主が汝の人民を支配し庇護し、将来汝が他者に屈従することを許さないからである。いざ立ち上がれ、最初の母よ、他者の軛《くびき》から身を振りほどけ。

フリードリヒ二世は、一二三九年一二月初め、トスカーナに進軍し、教皇領のスポレート公国とアンコーナ辺境伯領の奪還を宣言していた。この二つの地域は、前述したように、帰属が教会と帝国の間でしばしば変わる、いわくつきの領土であった。

フリードリヒ二世軍が接近すると、スポレート公国とアンコーナ辺境伯領の教皇支配は瓦解し、城門は開かれ、かれは救済者として迎えられた。それは、破門を宣告した教皇グレゴリウス九世に対する明らかな反抗で、フリードリヒ二世の軍事的優位は明らかであった。

フリードリヒ二世は、次に教皇領のトゥーシアのヴィテルボに向かった。トゥーシアは中部イタリアの先住民であるエトルリア人が支配していた地域で、「トゥーシアで最も高貴な都市はピーサとフィレンツェの二つ」とサリムベーネが述べているように、ヴィテルボをふくむ中部イタリアの広範な地域を指していた。中世都市の城壁に囲まれたヴィテルボは、コンクラーヴェもおこなわれた教皇の町であった。ちなみに、ヴィテルボにある大学は現在はトゥーシア大学と呼ばれている。

ピエール・デッラ・ヴィーニャは、フリードリヒ二世を世界を導くために神が遣わされた皇帝として、聖ヨハネがキリストの到来が近いことを約束した言葉を使って、フリードリヒ二世の到来をヴィテルボ市民に告げた。

反逆者には恐ろしい、汝らには恵み深いカエサルが来られるように門の閂《かんぬき》をはずせ、カエサルの到来により、かくも長きにわたって汝らを苦しめてきた悪霊たちも口をつぐむであろう。

一二四〇年二月中旬、城門を開いたヴィテルボへの入城に際して、フリードリヒ二世は十字架を持つものを先行させた。それは王への歓迎という習慣的な儀式の一部であった。フーベルト・ホーベンによれば、中世の神学思想において教皇が否定したとしても、皇帝は、キリストの代理者とみなされていたからである。

ヴィテルボ近郊のティヴォリ、モンテフィアスコーネなどがフリードリヒ二世軍に加わった。フリードリヒ二世はあと数日でローマに到着するところまで来ていた。フリードリヒ二世はローマの支持者に凱旋入城の準備をするように伝令をおくった。フリードリヒ二世は教皇グレゴリウス九世との正面衝突を基本的には避けようとした。フリードリヒ二世の考えは、剣による征服でもなく、教皇を殉教者とすることでもなく、ローマに平和と救済をもたらすことであった。ローマでは教皇グレゴリウス九世の不寛容な態度に疑問が呈され、講和の道が模索されていた。ただ、フリードリヒ二世は、自分に反抗したすべての都市を帝国に併合したときにのみ、教皇と講和をおこなうと宣言していた。

いまや、フリードリヒ二世と教皇グレゴリウス九世の和解は不可能になっていた。両者の関係が抜き差しならない状況におちいったとき、つねに二人の関係をとりなし、妥協点を見出してきたドイツ騎士団団長ヘルマン・フォン・ザルツァはいなかった。

ローマを包囲したフリードリヒ二世

コルテヌオーヴァでの勝利で自信を得たのか、フリードリヒ二世は、古代ローマのカエサルの帝国を蘇らせることを考えていた。一二四〇年二月二二日、ローマでは皇帝派の貴族がフリードリヒ二世のローマへの到来を要求していた。他方、教皇グレゴリウス九世はますます弱体化し、ローマ市民だけでなく、枢機卿のなかからも離反者を出していた。

ローマでは教皇派と皇帝派による誹謗合戦が続いていた。教皇派は、「アンチキリスト、竜の怪物」のフリードリヒ二世がサン・ピエトロ大聖堂を「馬小屋」に変え、犬に「主の体を餌として」投げ与える、とローマ市民を煽っていた。皇帝派は、「鳴り響く言葉、気高い振る舞い」のフリードリヒ二世を、「見よ、救世主を。見よ、皇帝を。来たれ、来たれ、皇帝よ」と叫んでいた。

皇帝派が圧倒的に有利で、教皇派は瀬戸際に立たされて危機的な状況にあったローマで、教皇グレゴリウス九世は大芝居をうった。フリードリヒ二世の到来が間近に迫った、聖ペトロの祭日に、教皇グレゴリウス九世は、キリストが磔になった聖十字架の木片、二人の使徒パウロとペトロの頭といった聖遺物を先頭に、香煙を振りまきながら、ラテラーノ宮殿からローマ市中を練り歩き、サン・ピエトロ大聖堂に戻った。教皇グレゴリウス九世は、大祭壇の上に置かれた聖遺物の上に教皇の三重冠を置き、パウロとペトロの頭を指さしながら、皇帝派のローマ市民の罵り声にもかかわらず、ローマを守る言葉を発した。

ここにあるのはローマの古《いにしえ》の遺物である。汝らの都はこの遺物のゆえに崇敬されている。ここにあるのは教会、ここにあるのはローマ人民の聖遺物、汝らが死ぬまで守らねばならない聖遺物である。余にはもはやほかの人間以上にできることはない。しかし余は逃げはしない。なんとなればここで余は神の慈悲を待ち望むからだ。聖人よ、ローマ人民がもはやローマを守ろうとしないならば、ローマを守り給え。

その言葉で奇跡が起こった。ローマ市民は一瞬にして心変わりした。教皇グレゴリウス九世の言葉と行動は、フリードリヒ二世の到来を待ち望んでいたローマ市民を教皇支持に変えた。「ドミヌス・ムンディ」Dominus Mundi、ローマを支配すれば世界の支配につながると考えたフリードリヒ二世の夢は幻と消え、教皇グレゴリウス九世は救われた。フリードリヒ二世は、ローマ侵攻を中止して、一二四〇年三月、シチリア王国のフォッジアに戻った。かれは、体制を整えなおして、あらたに攻撃をかけるつもりでいた。

臨戦態勢に入ったシチリア王国

四年近く留守にしていたシチリア王国に戻ったフリードリヒ二世は、教皇グレゴリウス九世とロンバルディーア都市同盟との戦いに決着をつける体制作りのために、大幅な行政改革をおこなった。シチリア王国を、カラーブリアとシチリア島を合わせた地域と北の教皇領と接するまでの南イタリアに二分して、それぞれに司法権と軍事権を有するカピタネウスと呼ばれる官職を配置した。

北イタリアと中部イタリアでは、ドイツ人による特使管区を廃止して、皇帝代理管区に分割し、全権を託された約一〇人の皇帝代理を置いた。総皇帝代理管区はクレモーナを中心とするパヴィーアからポー川上流の地域で、ピエモンテもカバーした。中部イタリアではトスカーナ、スポレート公国、アンコーナ辺境伯領とが総皇帝代理管区になった。

この行政区分によって、フリードリヒ二世に従わない都市を除いて、イタリアは統一的な行政体系の下に置かれた。皇帝代理は、行政と司法を一手に掌握しただけではなく、傭兵を徴募する軍事権限も有し、司令官もつとめ、警察、建築、農業、封土、結婚などの問題を管理する、絶対的な統治権をもっていた。この行政改革で設けられた要職に、フリードリヒ二世は血のつながりのある嫡出子、非嫡出子、娘婿のほかに、フリードリヒ二世に忠誠を尽くすプーリア人の家臣を任命した。

フリードリヒ二世は、シチリア王国の国境を厳しく取り締まり、人や船の出入りを統制した。ローマとの往来を禁止し、認められた港を除いてすべてを閉鎖した。フリードリヒ二世は、教皇グレゴリウス九世が諜報活動に利用していた托鉢修道会士、とくにロンバルディーア出身の修道士をシチリア王国から追放した。ナポリ大学ではフリードリヒ二世に反旗を翻した都市出身の学生や教師は禁足とした。ローマに滞在していたシチリア王国出身の聖職者は直ちに帰国しなければならず、それに従わなかったものの財産は没収された。

ロンバルディーア都市同盟との戦いには強力な軍事力と豊富な資金が必要であった。主要な軍事力はドイツの諸侯や騎士たちとし、資金はシチリア王国で調達しなければならなかった。フリードリヒ二世は、傭兵への報酬をふくむ軍事費の増大に対応して、シチリア王国で聖職者や官吏にも例外なく、コレクタを課した。シチリア王国はこのとき、課税の強化だけでは軍資金の不足を補えず、ローマ、シエーナ、パルマ、ウィーンの商人から高い利息で多額の金を借りた。

フリードリヒ二世は、教皇領との国境に近いアブルッツォなどの城塞を補強し、モンテ・カッシーノには一〇〇〇人の兵を配置し、ヴェネツィアの攻撃にそなえてアドリア海に面したバーリ、トラーニ、オートラントに堅固な要塞を建設した。フリードリヒ二世は、緊縮した財政政策をおこなったが、華麗な城門のカープア城の建築は続行させた。なお、前述したフリードリヒ二世の威厳を象徴する「プーリアの王冠」と呼ばれるカステル・デル・モンテは一二四〇年頃に完成している。

フリードリヒ二世は反皇帝の拠点となっていたベネヴェントを一二四〇年五月に攻撃したが、教皇グレゴリウス九世との平和的な解決の道を閉ざさないために、ローマには侵攻しなかった。フリードリヒ二世と教皇の和解を取り持つために、ドイツ騎士団の新しい団長となったテューリンゲンのコンラートが、ドイツの聖職・世俗の諸侯の使者として、ローマに到着した。ドイツ諸侯は、フリードリヒ二世を支持した都市、聖職者にも破門が宣告されたこともあり、フリードリヒ二世との和解を教皇グレゴリウス九世に求めた。これに対して、教皇グレゴリウス九世はフリードリヒ二世を破門にしたのは、かれが異端であり、アンチキリストであるからであり、破門を取り消し、和解に応じることはないと答えた。

フリードリヒ二世と教皇グレゴリウス九世の対立点は、シチリア王国の「教皇代理権」、ロンバルディーア都市同盟との衝突、息子エンツォのサルデーニャ島にある小国の相続者との結婚といった問題だけではなかった。教皇グレゴリウス九世はローマにおける皇帝派の扇動などにも悩まされていた。教皇グレゴリウス九世は、それらの問題をまとめて一気に解決するために、フリードリヒ二世にたいする最終的な処罰を決定する公会議をローマで開催しようとした。

ファエンツァの攻撃

フリードリヒ二世は、ヴェネツィアとボローニャが支援する北イタリアのファエンツァを占領しようとした。ファエンツァへの攻撃の前に、フリードリヒ二世は六日間の攻防で教皇派に立場を変えていたラヴェンナを落とした。ファエンツァは、フリードリヒ二世の攻撃に備えて、城壁を強化し、ボローニャとヴェネツィアの支援を受けて抵抗した。そのために、フリードリヒ二世は、イーモラ、フォルリ、リーミニといった近郊の都市からだけでなく、中部イタリアのフィレンツェから、さらにはヴェルチェッリ、ノヴァーラといった西ロンバルディーアの都市からも兵を集めた。

フリードリヒ二世は、ファエンツァ城内まで地下坑道を掘って、城内に入ろうとしたが、攻め落とすことができなかった。かれはファエンツァを完全に包囲し、兵糧攻めにするために、城壁の周りに堅固な木造の城を建てて攻撃したが、落城しなかった。ファエンツァは果敢に抵抗したが、八ヵ月にわたる攻撃によって、年を越した一二四一年四月一四日に陥落した。

フリードリヒ二世は、傭兵に対する報酬が莫大なものとなる大人数の軍隊による長期の戦闘を避けようとした。シチリア王国の兵には、王国領内の短期間の戦いの場合は報酬は払われなかったが、王国外での戦いの場合には支払われた。ファエンツァの戦いに兵を派遣したイタリアの諸都市は、四週間から六週間は兵の報酬を自分たちで支払い、フリードリヒ二世軍に提供した。その期限を超えた場合はフリードリヒ二世側の負担であった。

フリードリヒ二世は、当初から資金の調達に苦慮しており、教会財産の金、銀、宝石などを受取書と引き換えに没収した。次年度分のコレクタを前倒しで徴収し、利息として税の五分の一を減免した。ファエンツァの攻防戦でフリードリヒ二世が資金面で苦境に陥っていたことについて、年代記作者ジョヴァンニ・ヴィラーニは、フリードリヒ二世は自分が所有していた貴重品のすべてを投じた後に、アウグストゥス金貨と同価値の皇帝の像と鷲が刻印された革の貨幣を作るように命じ、ファエンツァ征服後に、革の貨幣を持参したものに同価値の金に兌換したと記している。

前代未聞の高位聖職者の大量拿捕

フリードリヒ二世がファエンツァを攻めていたとき、教皇グレゴリウス九世は、司教、大司教そしてヨーロッパの国王を集めた公会議を一二四一年の復活祭にローマで開催することを宣言した。この公会議の目的が自分の廃位を宣言することであると確信したフリードリヒ二世は、教皇グレゴリウス九世のあからさまな敵対行為に、断固とした対抗策を講じることになる。それはヨーロッパの高位聖職者がローマの公会議に参加することを阻止することであった。

教皇グレゴリウス九世は、フリードリヒ二世がファエンツァを包囲していることから、陸路でローマに向かうのは危険と判断して、ヨーロッパの高位聖職者を海路でローマの公会議に参加させようとした。教皇グレゴリウス九世は、スペイン、フランス、イングランドの高位聖職者のために、ジェノヴァで船団を準備した。教皇グレゴリウス九世はジェノヴァに三五〇〇ポンド以上を払うことになったが、前金として一〇〇〇ポンドを支払わねばならなかった。前金はジェノヴァ商人から利息二〇〇ポンドで借り受けた。残りの船代は、出発の一ヵ月前が支払い期限とされた。

フリードリヒ二世は、シチリア島に造船所をつくり、海軍力を強化していたので、五〇隻から六〇隻のガレー船からなる船団を動かすことができた。船団の船員は、シチリア島の沿岸都市の住民が担い、その代わりに直接税が免除された。船長は沿岸地域の伯がつとめた。ファエンツァにいたフリードリヒ二世は、アルナルド・デ・マーリをシチリア王国海軍司令官に任命した。

ジーリオにおける海戦

高位聖職者を乗せた船団が一二四一年四月にジェノヴァを出港する情報を得て、アルナルド・デ・マーリ司令官は、三月に二七隻のガレー船を率いてシチリア島からピーサに向かい、そこで同数のガレー船を率いるピーサの船団と合流した。トスカーナに派遣されていたエンツォは、シチリアとピーサの連合艦隊が出港する直前にピーサに到着し、そこで待機した。

航海に詳しいイングランドの高位聖職者はローマに向かう船に乗船したが、すし詰め状態の船に欠陥があることに気がつき、船を降りた。フランス、スペイン、そしてロンバルディーアの教皇支持の都市の聖職者を乗せた二七隻の船団は、一二四一年四月二五日、ジェノヴァを出航した。出航から八日後の五月三日、エルバ島の南に位置するモンテ・クリスト島とジーリオ島の間で、聖職者を乗せた船団は、待ち伏せしていたシチリア王国とピーサの連合艦隊の攻撃を受けた。勝敗は短時間で決した。

二七隻からなるジェノヴァの船団の二隻は沈没し、二二隻の船がフリードリヒ側に捕獲され、スペインの聖職者を乗せた三隻の帆船がジェノヴァにかろうじて引き返すことができた。ブザンソンの大司教をふくむ多くの高位聖職者が溺死した。クリュニー修道院長、枢機卿など一〇〇人以上の聖職者がフリードリヒ二世側の捕虜となった。それは前代未聞の事件であった。

勝利したシチリア王国の船団をピーサで出迎えたエンツォは捕虜の聖職者を寛大に扱うことを指示したが、ファエンツァにいたフリードリヒ二世は反抗的な態度をとる聖職者に厳しく対応するように命じた。下級聖職者はピーサの牢獄に入れられ、高位聖職者の大多数はプーリアの牢獄に連行され、厳重な監視下に置かれた。なお、フリードリヒ二世は、友好的なフランスのルイ九世との関係を考慮して、フランスの聖職者は短期間の拘留ののち、釈放している。

フリードリヒ二世は捕縛した聖職者を釈放すれば、教皇グレゴリウス九世が破門を解くと考えたのであろう。しかし、教皇グレゴリウス九世はフリードリヒ二世の破門を解くことはなく、捕らえられた聖職者に神と教会のために苦難を耐え忍ぶように懇願した。その多くがプーリアの牢獄で亡くなったが、かれらは信仰を脅かす皇帝に反抗して命を落とした殉教者となった。

フリードリヒ二世が捕縛した司教の解放を断固として拒否したことで、教皇との関係はさらに悪化した。フランスのルイ九世による仲裁の試みも無駄に終わった。教皇グレゴリウス九世は、一二四一年八月初めに発せられた回状で、フリードリヒ二世をサタンと呼び、教会の迫害者と非難した。

教皇グレゴリウス九世の死去

フリードリヒ二世は、一二四一年夏、ローマへの再進攻の準備を進めていた。枢機卿ジョヴァンニ・コロンナは、教皇グレゴリウス九世に公然と反旗を翻し、フリードリヒ二世にローマへの進軍を求めた。フリードリヒ二世は、八月に自発的に城門を開いたティヴォリに入城し、ローマを目前にしていた。教皇グレゴリウス九世はラテラーノ大聖堂のなかで最後の抵抗に備えていた。

フリードリヒ二世がローマに決定的な一撃を加えようとした一二四一年八月二二日、教皇グレゴリウス九世が九七歳で亡くなった。フリードリヒ二世は目の前にいた戦うべき敵を突然に失った。フリードリヒ二世が戦ってきたのは、ローマ教会ではなく教皇グレゴリウス九世であった。フリードリヒ二世は、教皇のいないローマに軍を進め、古代ローマのカエサルのようにカンピドーリオの丘に登り、勝利を宣言することもできた。しかし、戦うべき敵である教皇グレゴリウス九世を失ったフリードリヒ二世は、ローマに進攻することなく、教皇グレゴリウス九世の後継者と締結されるであろう和解に期待して、フォッジアに戻った。

教皇グレゴリウス9世

フリードリヒ二世の教皇グレゴリウス九世への追悼の辞は、尚書長官のピエール・デッラ・ヴィーニャが書いたものであるが、フリードリヒ二世の教会に対する敬意とみずからの立場を示している。

アウグストゥスを打倒しようとしたもの、地上の平和を否定し、教会に守られて不和を長引かせたものが亡くなった。われらの真の母、教会と、そして神のご加護でわれわれが頂点にあるローマ帝国が和解するときまで、そのものが生きることを望んでいた。グレゴリウスの誤りを避け、世界に平和をもたらす人物が教皇の座につくことを見ることが悲嘆にくれるキリスト教徒にとって慰めである。もし新しい教皇が同じような邪悪な感情をわれわれに抱くことがなければ、われわれはその人物に、キリスト教の信仰に、教会の防衛に、敬虔な支援をおこなうことに吝《やぶさ》かでない。

フリードリヒ二世が赫々たる名声を轟《とどろ》かせたのは、教皇との「対立から生まれたものであり、彼自身の諸能力を完全に開花させたのもこの対決であった」、とカントーロヴィチは鋭い指摘をし、「フリードリヒ二世のような人間は敵なしには存在しえなかった」とも述べている。フリードリヒ二世は戦う相手を失い、ヨーロッパはしばらく平穏を保った。

混迷のコンクラーヴェ

教皇グレゴリウス九世が亡くなったとき、二名の枢機卿がフリードリヒ二世に捕らわれていたことで、コンクラーヴェ、教皇選挙会議を構成する枢機卿は一〇名であった。枢機卿会議には指導的な枢機卿がおらず、皇帝との和平を求めるグループと徹底抗戦を主張するグループに分裂し、混乱が続いていた。どの候補者も一一七九年に定められた教皇選出のための最低人数である三分の二を獲得できなかった。神の代理人の座は空位状態が続き、フリードリヒ二世は罪の許しを乞うこともできなかった。

ローマを独裁的に支配していた教皇派の元老院議員マッテオ・ロッソ・オルシーニは、新しい教皇を早急に選出させるために、パラティーノ丘にあるローマ帝国皇帝セウェルスの「七個の天球」と呼ばれる、廃墟となっていた建物のなかに一〇名の枢機卿を暴力的に閉じ込めた。

ローマの暑い夏、衛生環境の悪いところに閉じ込められた、多くが老齢であった枢機卿の全員が病気になり、三人が亡くなった。マッテオ・ロッソ・オルシーニは、長引くコンクラーヴェに怒り狂い、枢機卿の息の根をとめると脅迫し続けた。一二四一年一〇月二五日、ミラノ人のゴッフレード・カスティリオーネがようやく選出され、ケレスティヌス四世を名乗ることになった。ところが、教皇ケレスティヌス四世は教皇に選出されてから一七日目、聖別を受けることなく亡くなった。

ローマに留まっていたのはフリードリヒ二世に敵対していた数名の枢機卿に加えて、皇帝支持を表明していたコロンナ枢機卿であった。マッテオ・ロッソ・オルシーニはコロンナ枢機卿を捕らえて投獄した。このとき以来、オルシーニ家とコロンナ家の犬猿の仲が続くことになる。それから一年半、教会は頭のない状態が続いた。フリードリヒ二世は、枢機卿に宛てた公開状を発表している。

枢機卿たちよ、天を仰ぎ見る場所で爬虫類のように地上を這いずり回っている。おのおのが教皇の冠を望み、だれもそれを他のものに渡そうとしない。派閥的な考えや不仲はやめなさい！　枢機卿会はわれわれと帝国に歓迎されるものを選出し、そのものが世界に福を広げるものとして教皇に任命される。

フリードリヒ二世は教皇の空位を利用して、コロンナ枢機卿を釈放させる目的で、一二四二年と一二四三年の二度、ローマ近郊に攻撃をかけているが、シチリア王国の再組織化と強化のために、ほとんどシチリア王国を離れていない。その時期に、三番目の皇妃イザベルが亡くなっている。

新しい教皇インノケンティウス四世

六人に減少していた枢機卿会議では、一二四三年六月二五日、ボローニャ大学で教会法を教えたことのあるジェノヴァ人のシニバルド・フィエスキがアナーニで新しい教皇に選出された。かれは教皇インノケンティウス四世となった。

フリードリヒ二世は、一四年間にわたって戦った狷介固陋《けんかいころう》な教皇グレゴリウス九世とは正反対の、物腰柔らかく、如才のない教皇インノケンティウス四世に好感を抱いた。フリードリヒ二世は、教皇選出の翌日六月二六日、教皇インノケンティウス四世に、インノケンティウスの名前に合わせて、「無垢（イノチェンツァ）なる庇護」を保証してくれるようにと、教皇選出を祝い、歓迎した。

フリードリヒ二世は、親近感を持ち、「旧友」と公言していた教皇インノケンティウス四世が破門を解いてくれると信じていた。それはフリードリヒ二世の大きな誤解であった。教皇グレゴリウス九世のような老獪な敵よりも、友達でないものの、いくらか分かり合える敵の方が危険であることを、フリードリヒ二世は理解できなかった。フリードリヒ二世は、のちに「枢機卿である一人の友人を失ったが、その代わりに教皇である一人の敵を手に入れた」と語っている。

教皇インノケンティウス四世は、霊的権力と世俗的権力の分離を認めず、平和を乱した皇帝フリードリヒ二世を裁くことは正当であり、破門されたフリードリヒ二世を廃位することを当然のことと考えていた。フリードリヒ二世と教皇の熾烈な闘争は最終の局面に入った。

ヴィテルボ攻撃

教皇庁の尚書として反皇帝の文書を書いていた、フリードリヒ二世批判の急先鋒であったヴィテルボのラニエーロ枢機卿がヴィテルボ市民を反フリードリヒ二世へと煽ったときから、フリードリヒ二世と教皇の交渉は行き詰まった。

メルフィで夏を過ごしていたフリードリヒ二世は、ヴィテルボの奪還をトゥーシア地域の総皇帝代理となっていたリッカルド・ディ・カセルタに命じた。フリードリヒ二世もプーリアから駆けつけ、先頭を切ってヴィテルボに攻撃をかけた。そのとき、フリードリヒ二世は、「ギリシア火《び》」と呼ばれる可燃性の武器を使用したようである。それは獣脂・油・ピッチ（樹脂）と硫黄の混合物で消火が困難なものであった。対するヴィテルボ側は「ギリシア火」をただちに消火できる大量の酢を各所に備えていた。フリードリヒ二世のヴィテルボ攻撃は一二四三年の一〇～一一月の一ヵ月続いたが、手痛い敗北に終わった。フリードリヒ二世を支持したヴィテルボ市民は投獄され、財産は没収された。

グロッセートに移動したフリードリヒ二世は、教皇インノケンティウス四世との交渉を継続していた。フリードリヒ二世は、征服した教皇領を返還して、捕虜を釈放し、教会や修道院に与えた損害を補償すると、教皇インノケンティウス四世に提案した。フリードリヒ二世は、教皇側にきわめて大きな譲歩をしたことで、教皇インノケンティウス四世が破門を解くことを期待して、その日時を明確にすることを要求した。しかし、フリードリヒ二世はそれが実現性のない幻想であることを知ることになる。

リヨンの公会議

フリードリヒ二世は、中部イタリアのナルニでの会談を教皇インノケンティウス四世に申し入れ、教皇もそれを受け入れた。フリードリヒ二世は交渉の行方を楽観的に期待していたが、教皇インノケンティウス四世はジェノヴァへの逃亡のための船を準備していた。

教皇インノケンティウス四世は、一二四四年六月初め、変装した枢機卿たちを引き連れて、チヴィタヴェッキアから海路で生まれ故郷のジェノヴァに逃れた。そこでも身の安全は保障されないと考えた教皇インノケンティウス四世は、一二四四年一二月二日、リヨンに移動した。教皇インノケンティウス四世のリヨンへの逃避は、フリードリヒ二世から少しでも地理的に離れた、安全なところで、かれを廃位とする公会議を開くためであった。

身の安全を確保した教皇インノケンティウス四世は、一二四五年六月二四日にリヨンでの公会議開催を宣言した。公会議の目的はフリードリヒ二世の廃位を決定することであったが、公式議題は一二四四年八月にエジプトのアイユーブ朝に雇われたホラズム兵に攻略されたイェルサレムへの十字軍遠征であった。

アンティオキアの総主教アルベルトは、一二四五年初頭、十字軍遠征を求めるために、まずフォッジアに滞在していたフリードリヒ二世に会っている。フリードリヒ二世は、イェルサレム奪還のために三年間にわたって十字軍遠征をおこなうことで、教皇インノケンティウス四世との和解を模索した。

その提案をもってリヨンを訪れたアンティオキアの総主教アルベルトに、教皇インノケンティウス四世は原則としてフリードリヒ二世との交渉に反対ではないと伝えた。総主教アルベルトは、リヨンからの帰途、一二四五年三月、フリードリヒ二世を再訪し、教皇側の印象を伝えている。しかし、破門は撤回されなかった。

フリードリヒ二世は、ヴェローナで諸侯会議を開催するために、一二四五年四月、大規模な軍勢を率いてフォッジアを出発した。フリードリヒ二世は、ヴィテルボの周辺を攻撃した後、ピーサを通ってパルマに到着した。そこで、フリードリヒ二世は、信頼する家臣のタッデーオ・ディ・スエッサとグアルティエーロ・ドゥルカの二人をリヨンの公会議に派遣した。

フリードリヒ二世を支持するドイツとシチリア王国の高位聖職者は、リヨンの公会議には招かれなかった。出席した約一五〇人はフランス、スペイン、イングランドの司教に限られていた。公会議の議題は五点あった。第一は教会の威信の回復、第二はイェルサレムへの十字軍派遣、第三はタタール人と呼ばれていたモンゴル人のヨーロッパからの放逐、第四はコンスタンティノープルの支援、第五は教皇庁と皇帝の対立であった。

そのなかで最も重要な議題は、第一の議題である教会の地位と権威を回復することとの関連で、「帝国へのシチリア王国の統合」を阻止するために不可欠な、ロンバルディーア都市同盟の問題であった。

フリードリヒ二世の使者タッデーオ・ディ・スエッサはリヨンの公会議で発言を求め、十字軍遠征はもちろんのこと、教会財産の返還、教会に与えた損害の賠償、東西の教会の再統一、モンゴル人との戦いを提案した。この約束の実行を、イングランドとフランスの国王は保証したと思われる。これに、教皇インノケンティウス四世は次のように答えた。

この重要で、素晴らしい約束は消え失せた。だれがこの約束を守るというのだ、その到来を守る保証は何か。皇帝は発言を守らない。約束を守らないものは罰しなければならない。もしフリードリヒが講和を望むのであれば、教会の領地からの即時撤退、捕虜となっている聖職者の解放、ロンバルディーアの諸都市の問題をわれわれに任せることが条件である。

教皇インノケンティウス四世は、一二四五年七月一七日、フリードリヒ二世が虚偽の宣誓をおこない、平和を破綻させ、教会を冒瀆する異端であるとして、皇帝の称号を剝奪することを宣言した。教皇インノケンティウス四世は、フリードリヒ二世を廃位とした四つの重大な罪を挙げた。一つ目はサン・ジェルマーノの講和を尊重しなかった背信行為。二つ目はローマの公会議に参加しようとした高位聖職者を投獄し、シチリア王国の司祭選挙に介入したことにより、教会との平和を侵犯したこと。三つ目は、投獄した高位聖職者を非人間的に扱ったこと。四つ目はムスリムの宦官を宮廷に住まわせた異端の疑いがあることである。

フリードリヒ二世の使者タッデーオ・ディ・スエッサは、ドイツとシチリア王国の聖職者を招待しないリヨンの公会議での皇帝の廃位の不当性を主張した。教皇インノケンティウス四世は、皇帝の廃位を公会議に出席したものの同意ではなく、自分が宣言した、神聖な意思の表明であると述べた。

フリードリヒ二世は、もし教皇が皇帝を廃位とすれば、ヨーロッパの国王の王冠も不安定なものになると、ヨーロッパの国王に団結を呼びかけた。教皇インノケンティウス四世は、ドイツ王の後継者を選出するようにドイツ諸侯に促し、教皇庁の封土としてのシチリア王国をフリードリヒ二世から取り上げると宣言した。

「蒼ざめた馬」に乗ったフリードリヒ二世

枢機卿ラニエーロは、リヨンの公会議でフリードリヒ二世の皇帝廃位を宣言するために、かれをアンチキリストの前兆とする苛烈な攻撃を展開していた。この時期に教会が発した回状は、「暴君、教会の教理と礼拝、信仰の破壊者、残忍さの手本、世界の攪乱者」と、フリードリヒ二世を徹底的に罵っている。その上で、フリードリヒ二世のヴィテルボ攻撃を、次のように記している。

フリードリヒは、支配の大きな剣が与えられ、その剣で人々は次々に殺され、平和の地を奪い取るために赤い馬に乗ってきた。その後に、死者の名前と称号をもつ蒼ざめた馬に乗ったものが到着し、地獄に導いた。

「蒼ざめた馬に乗ったもの」は、「ヨハネの黙示録」第六章に記されている。キリストが解く七つの封印のなかで、はじめの四つの封印が解かれたときに、四人の騎士が現れる。四人の騎士はそれぞれが、地上の四分の一を支配し、剣と飢饉と死と獣により、地上の人間を殺す権威を与えられている。ちなみに、「ヨハネの黙示録」に記される四人の騎士はアルブレヒト・デューラーの木版画『黙示録の四騎士』で有名である。

第一の騎士は、白い馬に乗っており、手には弓を持ち、頭に冠を被っており、勝利の上の勝利（支配）を得る役目を担っている。第二の騎士は、赤い馬に乗って、災難の前兆の軍事力のシンボルである大きな剣を手に握り、地上の人間に戦争を起こさせる役目を担っている。第三の騎士は、黒い馬に乗っており、食料を制限するための天秤を手に持ち、地上に飢饉をもたらす役目を担っている。第四の騎士は、蒼ざめた馬（青白い馬）に乗っており、死を意味する黄泉（ハデス）を連れて、疫病や野獣をもちいて地上の人間を死に至らしめる役目を担っている。

枢機卿ラニエーロが書いた、フリードリヒ二世を四番目の蒼ざめた馬に乗った騎士に譬えた教会の回状は、ドイツやイングランドでも流布した。それは、「サタンの子どもで弟子」、「悪魔の使者」、「アンチキリストの先駆者」であるフリードリヒ二世に対する十字軍を呼び掛けるものであった。

フランス王ルイ九世の仲介

フリードリヒ二世は、一二四五年九月初め、教皇との和解のために特使をフランスのルイ九世のもとに送った。十字軍遠征を計画していたルイ九世は、キリスト教世界の教皇と世俗世界の皇帝という二つの権威の対立が解決されることを切望していた。

ルイ九世はフリードリヒ二世とは正反対の王であった。かれは贖罪行為に励み、聖遺物礼拝を実践し、教会や修道院を建て、他の宗教の聖典を焚書にし、狩りや自然科学を好まなかった。他方、フリードリヒ二世は、聖遺物礼拝や宗教的な苦行をおこなうことなく、教会や修道院の創設よりも築城を優先し、ユダヤ人やムスリムとの議論を好み、鷹狩りを最大の趣味としていた。

教皇インノケンティウス四世は、リヨンの公会議の後、ルイ九世の弟であるシャルル・ダンジューをプロヴァンス伯領の相続者であるベアトリスと結婚させ、フランスを自分の側に引き入れることに成功した。このとき、シャルル・ダンジューがシチリア王国を支配することになるとは、そのときは誰も想定していなかった。

フリードリヒ二世はヴェローナからトリーノに移動していた。そこでリヨンに派遣していた使者グアルティエーロ・ドゥルカから皇帝廃位の報告を受けた。フリードリヒ二世は、いかなる内容の講和も受け入れる用意があることを教皇に伝えるために、グアルティエーロ・ドゥルカをリヨンに戻した。それは、廃位の撤回と引き換えに、フリードリヒ二世はすべての捕虜を釈放し、与えた損害を賠償し、三年間にわたって十字軍遠征をおこない、もし教会に反する行動をとるようなことがあれば改めて破門に服するという内容であった。その後に発表された回状で、教皇インノケンティウス四世はフリードリヒ二世を、改めて「アンチキリストの先駆者」であるばかりでなく、「教会の敵、圧制者」と断じた。

フリードリヒ二世は、廃位に対する最終的な抗議として、教会の根本的な改革の必要性を強調する申立書を提出した。申立書には、権力に執着する教皇インノケンティウス四世こそが、神が最後の審判の日に非難し、廃位とするであろうアンチキリストと記されていた。

教皇インノケンティウス四世は、教会の迫害者、キリスト教世界の敵であるフリードリヒ二世に対する十字軍をドイツ、イタリア、ポーランド、デンマークで公示した。それには、フリードリヒ二世に対する十字軍に参加したものには、イェルサレムへの十字軍遠征に参加したものと同様の特権と特免が与えられると記されていた。

シュタウフェン家と教皇は、最初から、根本的に対立していた。皇帝たちは、みずからの神聖と権力が神から直接に授けられたものとして、教皇と同格の地位にあると主張した。フリードリヒ二世は、皇帝の権限を神から授けられただけでなく、戴冠式の儀式で聖油、すなわち聖香油による塗油を通じて、聖職者と同じ神性を備えた聖人となったとして、教皇権と同様の尊厳を有すると考えていた。

フリードリヒ二世は、誰にも服従することなく、神から平和と権利を保障する使命を与えられたと繰り返した。この考えは教会法にもとづく教皇庁の教理と真っ向から対立していた。とりわけ一二世紀末の教皇インノケンティウス三世から、教皇たちは教皇権の普遍性を主張し、聖職界の領域を超えて、俗界の皇帝に対しても優位にあると主張していた。ただ、一三世紀にあって、シチリア王国が帝国に帰属すると主張したのは皇帝支持者だけで、シチリア王国が教会の封土であることはヨーロッパのキリスト教社会で広く認められていた。

ドイツの反響

ドイツでは、リヨンの公会議まで皇帝派と教皇派の対立・抗争は顕著ではなく、フリードリヒ二世が聖俗の諸侯に広く支持されていた。かれはドイツの諸侯が選出した王であり、皇帝であり、諸侯の多くはフリードリヒ二世の廃位を受け入れなかった。教皇インノケンティウス四世は、ドイツにおけるフリードリヒ二世の支配権を打倒しようと、かれに忠実な最下級の聖職者にいたるまで配置換えをおこない、かれに友好的であった司教座聖堂参事会員の聖職を剝奪した。これによって、ドイツの聖職者はローマ教皇庁に服従することになった。

教皇インノケンティウス四世はドイツ王コンラート四世に対抗して、テューリンゲン方伯のハインリヒ・ラスペをドイツ王に擁立し、一二四六年五月二二日、聖職諸侯によってドイツ王に選出された。ハインリヒ・ラスペは、コンラート四世との戦いで、シュタウフェン家の軍隊の三分の二がラスペ側に寝返ったことで、その年の八月に勝利を収めた。しかし、教皇の強力な支持にもかかわらず、ドイツの世俗諸侯はハインリヒ・ラスペを支持しなかった。そのハインリヒ・ラスペが一二四七年二月に亡くなった。フリードリヒ二世はハインリヒ・ラスペと戦っていた息子のコンラート四世を支援するためにドイツに向かおうとしたが、ハインリヒ・ラスペの死を知り、ドイツ行を中止した。

新しい対立王には、一二四七年一〇月、一九歳のホラント伯ヴィルヘルムが選出された。帝国の侯ではなく、たんなる伯がドイツを治めることになった。ホラント伯ヴィルヘルムが戦いで勝利すると、コンラート四世の地位は不安定なものとなった。しかし、ホラント伯ヴィルヘルムが一二五六年に亡くなると、ドイツ王の不在が一二七二年まで続くことになる。それは、一二七三年にハプスブルク家のルドルフをドイツ王に選出するまで続く空位期間で、フリードリヒ・シラーは「皇帝不在の恐るべき時代」と呼んだ。

フリードリヒ二世の暗殺計画

イタリアの北部と中部では、フリードリヒ二世の皇帝廃位の影響は大きく、かれの権威と影響力は日増しに弱まり、反旗を翻した都市との戦いは長期化することになる。北イタリアに形成された教会とロンバルディーア都市同盟の軍事的・政治的ブロックは、フリードリヒ二世の支持勢力をはるかに上まわることになる。シチリア王国では、教皇インノケンティウス四世支持者がフリードリヒ二世を排除して、新しい王をたてる陰謀を企てることになる。

フリードリヒ二世は一二四五〜四六年の冬場をトスカーナのグロッセートで過ごしている。一二四六年三月、リッカルド・ディ・カセルタの使者が、フリードリヒ二世と息子のエンツォの命を狙う陰謀が復活祭に準備されていることをフリードリヒ二世に告げた。

それを計画したのはフリードリヒ二世の部下であるパンドルフォ・ディ・ファッサネッラらであった。かれらは陰謀計画が漏洩したことを知り、南イタリアのサレルノの南東に位置するカパッチョの城塞に逃げ込んだ。フリードリヒ二世は、グロッセートからカパッチョに向かい、一二四六年七月一七日、首謀者たちを捕まえた。一五〇人の捕虜のなかには、皇帝派の都市であるパルマのポデスタであったフランチェスコ・ティバルドも含まれていた。

目をつぶされた陰謀の首謀者たちは街を引き回されたが、フリードリヒ二世は、陰謀の責めを負うべきものはリヨンから糸を引いている教皇インノケンティウス四世であると考えていた。

血縁関係者で固めた体制

フリードリヒ二世を強く支持していたピエモンテでも、フリードリヒ二世が廃位宣告を受けた後、状況は一段と不安定なものとなり、裏切りが目立つようになった。フリードリヒ二世は、リヨンの教皇インノケンティウス四世から送られ、あるいは扇動された多くの敵から身を守るために、反逆者や謀反人に対する処罰を一段と厳しくした。反逆者の目をつぶし、眼球をえぐりだし、鼻や腕や足を切り落とし、反乱者への見せしめとして、かれらを死ぬまで馬で引き回した。

フリードリヒ二世は、陰謀事件に加担したものの多くが北部・中部イタリアに高官として配した南イタリア出身者であったことから、血のつながりのある息子たちや身内の人間を要職につけた。フリードリヒ二世は、すでにおこなっていたことであるが、皇帝代理などの重要な地位に息子や娘婿を登用し、支配組織を再編することになる。

フリードリヒ二世はエンツォを特別に可愛がっていた。かれは、年代記作者サリムベーネによれば、勇敢で、心の広い人物であったばかりでなく、「シチリア派の詩」で紹介したように、詩も解し、カンツォーネも歌う好青年であった。フリードリヒ二世は、前述したように、エンツォをサルデーニャ島のアデラーシアと結婚させ、北イタリア・中部イタリアの総皇帝代理に任命していた。

中部イタリアのトスカーナは皇帝派が掌握し、フィレンツェは庶子のフェデリーコ・ディ・アンティオキアが支配していた。スポレート、ロマーニャ、マルケは庶子のリッカルド・ディ・キエーティが支配した。イェルサレム王妃イザベルとの間に生まれたコンラート四世はシチリア島、プーリア、カラーブリアをふくむシチリア王国の、イングランドのイザベルとの間に生まれた息子で、九歳のハインリヒ・カルロットはヴィテルボの統治者に任命された。

パルマの反乱

フリードリヒ二世は、一二四七年春、フォッジアから北イタリアに向けて進軍を開始した。かれは、パルマ、クレモーナ、パヴィーアを通過して、六月初頭にトリーノに到着した。フリードリヒ二世は、そこからリヨンに向かい、教皇インノケンティウス四世に直接に許しを乞うことを考えていた。

トリーノに滞在中に、フリードリヒ二世は、イタリア北西の地域を支配するサヴォイア伯のアメデーオ四世の娘ベアトリーチェと庶子のマンフレーディの結婚を決めた。北イタリアの西部地域の責任者となっていたマンフレーディとサヴォイア伯の娘との結婚は、ピエモンテでの皇帝権を確保し、リヨンの教皇インノケンティウス四世を威嚇するものであった。

ところが、トリーノに滞在していたフリードリヒ二世のもとに、パルマにいたエンツォから救援要請が届いた。パルマが教皇派の約七〇人の騎士に奇襲を受け、敵の手に落ちたのである。パルマの反乱は中部イタリアにおける教皇派の反乱の合図であった。教皇支持の都市の反撃の火は瞬く間にイタリアの中部と北部に広まった。

フリードリヒ二世はシチリア人、ムスリムの親衛隊からなる軍を率いて、直ちにトリーノを出発し、エンツォの軍隊、エッツェリーノ・ダ・ロマーノ率いる騎士、フェデリーコ・ディ・アンティオキアが率いるトスカーナの軍隊と合流し、七月二日にはパルマを包囲し、攻撃した。大軍勢を前に不利な野戦を避けて、城中に閉じこもって抵抗を続けるパルマへの攻撃は長期化した。

ヴィットーリアにおけるフリードリヒ２世軍の大敗を描いた細密画

パルマは兵糧攻めにあったが、マントヴァやフェッラーラが船を使って食料を届けていたことで、容易に降伏しなかった。フリードリヒ二世は、しぶとく抵抗を続けるパルマへの見せしめとして、捕虜の公開斬首などをおこなった。捕虜や裏切りものの処罰は、時を追うごとに陰惨なものとなっていた。拷問をおこなうのはフリードリヒ二世の親衛隊のムスリムであった。かれらは、司教の手と足を縛り、馬の尻尾にむすびつけて、刑場まで引きずっていった。司教はさまざまな責め苦を受け、最後に絞首刑となった。

フリードリヒ二世は、ファエンツァを攻めたときのように、一二四七年から一二四八年の冬場、パルマを囲むように木材と煉瓦による都市の建設を開始し、勝利を意味するヴィットーリアという名前を付けた。宮廷、宝石などを保管する建物などのほかに、フリードリヒ二世軍に同行するムスリムの子女たちを住まわせる家もつくり宦官に監督させた。

勝利を信じて疑わなかったフリードリヒ二世は、一二四八年二月一八日、マンフレーディと従者五〇人ほどを率いて朝から狩りに出かけた。しかし、このとき、ミラノから到着した教皇特使のグレゴーリオ・ディ・モンテロンゴの指揮する教皇軍が、ランチャ辺境伯だけが残るヴィットーリアを襲い、略奪、放火した。王室の財源であった金や銀の財宝だけでなく、皇帝の王冠とシチリア王国の印璽《いんじ》も奪われ、フリードリヒ二世側は壊滅的な損害を受けた。この戦いで、フリードリヒ二世側は一五〇〇人が死亡し、その二倍の三〇〇〇人が教皇側の捕虜となり、大宮廷裁判官のタッデーオ・ディ・スエッサら多くの側近を失った。
サリムベーネの年代記には、ヴィットーリアの敗北について、次のように記されている。

金銀の壺、宝石、首飾り、真珠、貴石、皇帝専用の絹の衣装、その他皇帝が使い、着飾ったと世界中で知られているような品々はパルマが勝利を収めた戦場やその地下、あるいは墓の中に眠っているという話が広まったが、現在に至るまでその隠し場所は分かっていない。

湿地帯で狩りをしていたフリードリヒ二世は、ヴィットーリアで上がる火の手を見て、大急ぎで戻った。かれは、すでに勝敗は決まっていたのを知ると、ボルゴ・サン・ドンニーノに向かい、そこからクレモーナに馬を走らせた。そこで陣営を立て直し、四日後にパルマに戻った。廃墟となったヴィットーリアで作戦会議が開かれたが、パルマを取り戻すことは不可能という判断にいたった。フリードリヒ二世が経験した大敗北であった。

傭兵に払う資金も底をつき、経済的に窮地に陥ったフリードリヒ二世に見切りをつけたドイツ人の騎士や諸侯は戦場を後にした。フリードリヒ二世は、国庫を立て直すために、シチリア王国ではそれまでの二倍のコレクタを課し、教会、修道院には特別税を求め、新しい貨幣を鋳造することになる。シエーナの商人から銀鉱山を抵当に、多額の軍資金を借り入れなければならなかった。

フリードリヒ二世の威光に陰りが見え始めたことで、教皇側の攻撃はより大胆になっていた。フリードリヒ二世と息子のエンツォは北イタリアを支配していたが、ラヴェンナとロマーニャ地方の大部分の都市は教皇支持になっていた。北イタリアの他の都市からも、良くない知らせが次々と届いた。ロンバルディーア都市同盟に敵対していたコーモがミラノと仲直りした。教皇派のボローニャに敵対していたモーデナも反皇帝側に移った。中部

ピエール・デッラ・ヴィーニャを処罰するフリードリヒ２世

イタリアでは、ラニエーロ枢機卿がスポレート公国とアンコーナ辺境伯領を取り戻した。

パルマの敗北から四ヵ月が経ったころ、フリードリヒ二世は、十字軍遠征に出発する前のフランス王ルイ九世を仲介者にして、教皇との交渉を再開しようとした。教皇インノケンティウス四世は、神はすでに審判を下し、有罪の判決は人間の慈悲においても変更できないとして和解を拒否した。ヨーロッパの調停者と呼ばれたルイ九世は、和解が成らなかったことを悲しみながら、十字軍を率いてエーグ・モルト港から聖地へと出発した。

ピエール・デッラ・ヴィーニャの背信

廃位を宣告され、次々に寝返った都市の鎮圧で精神的・肉体的にも疲労がたまっていたフリードリヒ二世に追い打ちをかけるような、衝撃的な事件がおこった。フリードリヒ二世が二五年近く全幅の信頼を寄せていたピエール・デッラ・ヴィーニャの背信行為が判明した。かれは、フリードリヒ二世が自分の胸像とともに、永遠に記憶にとどめるべくカープアの城門に胸像を置いた人物であった。

尚書長官のピエール・デッラ・ヴィーニャは、フリードリヒ二世宛のすべての書簡に目を通し、フリードリヒ二世の手紙、宣言、演説のすべてを書いていた。ピエール・デッラ・ヴィーニャは、フリードリヒ二世への諸侯や聖職者たちの請願をフリードリヒ二世に取り次ぐ前に、すべて掌握していただけに、賄賂などの誘惑に常にさらされていた。かれの特権的な地位を妬んだものが裏で動いたのかもしれない。教皇との対立が頂点に達していた時期に、この背信行為が発覚したことで、かれが教皇と内通していたという推測もあったが、それはあり得ないことである。おそらく、かれは地位を利用して私腹を肥やしていたのであろう。ピエール・デッラ・ヴィーニャは痛ましくも個人的な利益を欲して皇帝を裏切り、失脚することになった。その真相は、フリードリヒ二世自身が明らかにしなかったので不明のままである。

分身ともいえるピエール・デッラ・ヴィーニャの背信行為は、フリードリヒ二世にとっては言語を絶する苦悩であったであろう。フリードリヒ二世は、泣いて馬《ば》謖《しょく》を斬るの譬えのように、ピエール・デッラ・ヴィーニャを処罰することになる。罪を認めたピエール・デッラ・ヴィーニャは目をつぶされ、驢馬にのせられて、一二四九年三月にクレモーナからトスカーナに向かった。かれも、激情的なフリードリヒ二世の性格を知り尽くしていたので、自分の結末は分かっていた。ピエール・デッラ・ヴィーニャは、途中のサン・ミニアートの地下牢の壁に頭を打ちつけ、一二四九年四月末、みずから命を絶った。

捕虜となったエンツォ

一二四九年五月末、サルデーニャ島の小国を相続するアデラーシアと結婚したばかりの北イタリアの総皇帝代理エンツォがフォッサルタ近くでボローニャ軍の捕虜となったという知らせが、シチリア王国に戻っていたフリードリヒ二世に届いた。フリードリヒ二世にとって、エンツォが捕虜となったことは部隊や領土の喪失以上のことを意味した。

フリードリヒ二世はエンツォの釈放のためにボローニャと交渉したが、返答は「雄豚もしばしば小さな犬に捕らえられることがある」というものであった。エンツォは、ボローニャの「ポデスタの宮殿」の大広間があてがわれ、夜間だけ木と鉄でできた部屋に閉じ込められた。その間に、かれには外部との書簡のやり取りや訪問者も認められ、二人の娘をもうけている。かれは二三年に及ぶ捕囚生活でシュタウフェン家の没落を見届けた。後述する、シュタウフェン家の最後の一人であるコッラディーノがアンジュー家によってナポリで首をはねられたことも獄中で知った。エンツォは、アンジュー家への復讐のために、樽作り職人を買収して、脱獄を試みたが、失敗に終わり、一二七二年に死去した。シュタウフェン家の王としての葬儀が認められたエンツォは、緋色の衣に、王冠と王笏と剣をもって、ボローニャのドミニコ教会に埋葬された。

一二四九年は、腹心ピエール・デッラ・ヴィーニャの背信行為、ボローニャにエンツォが捕らわれたことで、フリードリヒ二世にとって呪われた一年であった。

IX

「世界を輝かせていた太陽が沈んだ」

「花の下で」死去

フォッジアに滞在していたフリードリヒ二世は、一二五〇年の暑い夏をメルフィとポテンツァの間にあるラーゴペーゾレ城で過ごした。かれは、一二月にフォッジアで狩りをしていたとき、高熱のために、普通は立ち寄らないルチェーラの北のフィオレンティーノ城に身を寄せた。

フリードリヒ二世は、占星術師の宣託で「花の下で」sub flore死ぬと言われ、花の女神フローラの町フィレンツェ(ラテン語でFlorentia)を通ることを避けていたが、フィオレンティーノ城でそれが現実のものとなった。

サンタ・ルチーアの祝日、五六歳の誕生日を迎える前の一二五〇年一二月一三日、フリードリヒ二世は、フィオレンティーノ城で、チフスあるいは敗血症で亡くなった。年代記作者マッテーオ・パリスによれば、腹心中の腹心であるパレルモ大司教ベラルド・ディ・カスターニャはフリードリヒ二世の告白を受け、罪を赦し、シトー派修道会の白の長上着に身を包んだ主君フリードリヒ二世に臨終の秘跡をおこなった。

臨終に立ち会ったのは、パレルモ大司教ベラルド・ディ・カスターニャのほかに、一八歳のマンフレーディ、娘婿のリッカルド・ディ・カセルタ、そしてアンジュー家をシチリア島から追放する「シチリアの晩禱」事件を準備することになる侍医のジョヴァンニ・ダ・プロチダなどがいた。

遺言の内容

フリードリヒ二世は、死期が近いことを悟り、遺言を準備した。遺言に最初に署名したのは八〇歳になっていたパレルモ大司教のベラルド・ディ・カスターニャであった。遺言の内容は、テンプル騎士団の財産の返却、聖職者の特権の回復、捕虜の釈放、借財の清算、コレクタの廃止、十字軍への金一〇万オンスの寄進、ローマ教会の権利の承認などであった。

遺言にはシチリア王国の王位継承者が明示されていた。第一番目の継承者は、イェルサレムの王妃イザベルとの間に生まれたコンラート四世であった。かれが相続人を残さず亡くなった場合は、イングランドのイザベルとの間に生まれたハインリヒ・カルロットとした。かれが亡くなった場合はマンフレーディが王位を継承することとした。フリードリヒ二世は、長年にわたって愛人関係にあった、マンフレーディの母親であるビアンカ・ランチャと、おそらく一二四八年に正式に結婚していた。

フリードリヒ二世の死に立ち会ったマンフレーディは、ドイツにいた第一王位継承者のコンラート四世に、「世界を輝かせていた太陽が沈んだ。正義の上に輝く、平和をもたらす太陽は没した」、と父親の死を報告している。

フリードリヒ二世の死に対する反応と不死説

年代記作者のマッテーオ・パリスは、フリードリヒ二世の死について、次のように記している。

地上の君主のなかで最も偉大な人物、世界の驚異 stupor mundi、その驚嘆すべき改革者 immutator mirabilis であるフリードリヒは今亡くなった。

教皇インノケンティウス四世はフリードリヒ二世の死で安堵感と幸福感に浸り、ロンバルディーア同盟都市、教会支持者も圧政者から解放されたことを喜んだ。教皇を支持する敵対者にとって、フリードリヒ二世は「キリスト教世界のもっとも恐るべき敵」で、無神論者、異端、アンチキリストであった。

フリードリヒ二世支持者は、打ちのめされ、愕然としていたけれども、後継者が新たに正義と平和の太陽を輝かせる期待を表明していた。民衆は、フリードリヒ二世の死を長い期間にわたって信じようとしなかった。フリードリヒ二世の不死説はイタリアだけでなく、ドイツでも見られた。一二〇〇年代末のドイツではシュタウフェン家の皇帝の記憶が強く残っていたので、とりわけ低い社会階層の人々はフリードリヒ二世が戻ってくることを待ち望んでいた。

シチリア島では、エトナ山で生きているというフリードリヒ二世不死説が生まれただけではなく、偽者のフリードリヒ二世も現れた。フリードリヒ二世と酷似し、振る舞いも話し方も同じ偽者がエトナ山に住んでいると、一二八三〜八五年に編纂された年代記には記されている。それは、フリードリヒ二世を火山のなかに隠しておきたい民衆の信仰心であろう。いわゆる、英雄不死伝説である。

年代記作者のサリムベーネも、イタリアでは多くの人がフリードリヒ二世の死を信じようとしなかったと述べている。エリトレアの巫女シビッラの宣託、「生きていると同時に生きていない」Vivit, non vivit Vive e non vive を信じて、フリードリヒ二世は隠れて生きていると信じる人々も多かった。巫女の宣託は、フリードリヒ二世が子どもたちやその後裔のなかで生き続けることを暗示し、第三のフリードリヒの到来を示すものであった。

第三のフリードリヒ

第三のフリードリヒへの期待は、アラゴンのペドロ三世とマンフレーディの娘コスタンツァの間に生まれた息子フェデリーコに注がれた。後述する、一二八二年の「シチリアの晩禱」事件によってアンジュー家支配から解放されたシチリア島は、アラゴンのペドロ三世の支配下にはいった。シチリア王国王位は、一二九六年、ペドロ三世の息子フェデリーコが継いだ。アラゴン系のシチリア王フェデリーコは、フェデリーコ三世を名乗った。フェデリーコ三世の戴冠式の日に、海軍司令官ルッジェーロ・デ・ラウリアはシチリア議会で、新しい王フェデリーコ三世こそが、預言者が帝国と世界を支配することを示した第三のフリードリヒであると述べた。

一四四〇年にハプスブルク家のフリードリヒ三世がドイツ王となり、一四五二年に皇帝となると、第三のフリードリヒの到来という預言が再浮上した。一四五二年にフリードリヒ三世が戴冠のためにローマに赴いたとき、巫女の預言の第三のフリードリヒとして、あるものはイェルサレムを征服する終末の皇帝、あるものは終末期を支配するアンチキリストと主張した。

開かれた石棺

フリードリヒ二世の遺体は、プーリアの都市を通って、ターラントに運ばれ、そこから船でパレルモに運ばれた。遺言に従って、パレルモ大聖堂に、父親ハインリヒ六世、母親コスタンツァ、母方の祖父ルッジェーロ二世の棺に並んで埋葬された。

フリードリヒ二世の石棺が一七八一年に開かれた。そのときのスケッチによれば、皇帝の服装で身を包んだミイラとなったフリードリヒ二世の長くて細い指の手が、身体の上に置かれた剣の柄の横に重ねられている。遺骸の測定はおこなわれなかったので、身長などは分かっていない。

一九九九年に、改めてフリードリヒ二世の石棺が開けられると、石棺のなかの遺物が略奪されているのが判明した。一七八一年の開棺時に描かれたフリードリヒ二世の遺体のスケッチとは全く異なって、剣はなく、フリードリヒ二世の骨片、布地の切れ端、金具の断片などが散らばっていた。くわえて、名前不詳の女性がフリードリヒ二世の石棺に納棺されているのが確認されている。石棺は殺菌消毒をおこない保存されたが、専門家によるフリードリヒ二世のDNA鑑定など詳しい調査はおこなわれなかった。

1781年に開かれたフリードリヒ2世の石棺内部（上）と1999年に開かれた、盗掘後のフリードリヒ2世の石棺

エピローグ——シュタウフェン家の終焉

遺言に従った王位継承

フリードリヒ二世が亡くなると、シチリア王国の危機は一段と深まった。フリードリヒ二世が遺言で指名した一番目の継承者である、イェルサレムの王妃イザベル・ド・ブリエンヌとの間に生まれたコンラート四世はドイツにいた。

コンラート四世はシチリア人というよりはドイツ人であった。ナポリは、新しい国王コンラート四世が教皇から王冠を受けていないと、かれに対する誓約を拒否した。カープア、アマルフィなどの都市がシュタウフェン家支配に反旗を翻した。シチリア島でも、レンティーニ、エラクレーアなどが教皇を支持した。

シチリア王国の二番目の継承者はイングランドのイザベルとの間に生まれたハインリヒ・カルロットであった。母親を亡くした幼少のハインリヒ・カルロットは、シチリア島のピエトロ・ルッフォに委ねられていた。三番目の継承者マンフレーディは、ドイツにいたコンラート四世の摂政として、南イタリアのプーリアとテッラ・ディ・ラヴォーロを支配し、シチリア島はピエトロ・ルッフォが支える幼いハインリヒ・カルロットに委ねられた。

コンラート四世が相続人を残さずに亡くなった場合に、シチリア王となることになっていた二番目の継承者ハインリヒ・カルロットは一五歳で亡くなった。一二五一年一〇月、ドイツにいたコンラート四世は、シチリア王国を支配するためにイタリアに向かった。コンラート四世はテッラ・ディ・ラヴォーロとナポリを支配し、その他の地域はマンフレーディが支配を続けるか、無政府状態になっていた。

コンラート四世は、一二五四年五月二一日、メルフィの北東にあるラヴェッロで二六歳で突然に亡くなった。メッシーナに運ばれた遺体は、祝福が与えられる前に、シュタウフェン家に反感を持つ民衆によって燃やされてしまった。マンフレーディがコンラート四世に毒を盛り、遺体を海に投げ入れたというものもいた。

マンフレーディがシチリア王国の支配者となった。教皇インノケンティウス四世はフリードリヒ二世の遺言を否定し、後継者のコンラート四世も、摂政のマンフレーディも認めていなかった。教皇インノケンティウス四世は、一二五四年九月にマンフレーディをプーリアとバジリカータの教皇代理とする一方で、シチリア王に関して新たな可能性を模索していた。マンフレーディは、教皇がシチリア王と認めることを期待していたが、そうはならなかった。教皇インノケンティウス四世とマンフレーディの関係は、教皇がシチリア王国の王位をめぐる問題に介入し始めたときから、悪化することになる。

一二五四年一二月に教皇軍がフォッジアでの戦いでマンフレーディ軍に敗北した後、教皇インノケンティウス四世は亡くなった。その後を継いだ教皇アレクサンデル四世はマンフレーディを破門に付した。

シチリア王となったシャルル・ダンジュー

教皇アレクサンデル四世は、前教皇の政策を継承して、シチリア王位を狙うマンフレーディを亡きものにしようとした。マンフレーディは、教皇による破門を無視して、コンラート四世の息子コッラディーノが死亡したという偽の情報を流して、一二五八年八月、パレルモの大聖堂でシチリア王として戴冠した。そのころ、ローマではシチリア王国の運命を決定する工作が進んでいた。

イングランドのヘンリー三世の息子エドモンド・ランカスターがシチリア王となるはずであった。ところが、一二六一年にイタリア人の教皇アレクサンデル四世が亡くなったことで状況は一変した。新しい教皇となったのは、フランス人のウルバヌス四世であった。教皇ウルバヌス四世は、フランス王ルイ九世の弟であるシャルル・ダンジューをシチリア王にしようとした。フランスは、シチリア王国の領有だけでなく、地中海へと支配を拡大する可能性もあり、それを受け入れた。

教皇ウルバヌス四世は、マンフレーディの攻撃を避けてペルージアに避難していたときに亡くなった。続く教皇クレメンス四世もフランス人で、教皇ウルバヌス四世が作成した協定にもとづき、一二六六年一月六日、ローマのサン・ピエトロ大聖堂でシャルル・ダンジューにシチリア王の王冠を授けた。

ベネヴェントで戦死したマンフレーディ

マンフレーディがシチリア王国の実権を掌握したのは実質一〇年程度であった。マンフレーディは、シュタウフェン家の地中海政策を継承して、北アフリカと東地中海の支配をねらったが、軍事的・政治的な力が不足していた。そこで、マンフレーディはシチリア王国に関心を持つ国と同盟を結ぼうとした。

マンフレーディは、婚姻関係による同盟関係を模索した。一二〇二年に始まるヴェネツィアを主体とする第四回十字軍はビザンツ帝国の首都コンスタンティノープルを占領し、ラテン帝国を建国した。都を失ったビザンツ帝国はニカイア帝国をつくり、コンスタンティノープルの奪回の機会を狙っていた。父フリードリヒ二世はニカイア帝国と同盟したが、マンフレーディはラテン帝国を相続することになっていたエレーナと結婚し、同盟関係を結んだ。マンフレーディは、フリードリヒ二世がイェルサレム王となったように、ラテン帝国の皇帝になることを考えていたのであろうが、ラテン帝国は一二六一年に瓦解した。

地中海の覇権を狙う国にはイングランド、フランス、アラゴン王国があった。イングランドとフランスが教皇と同調していたのに対して、アラゴンはみずからの利益に従って動いていた。マンフレーディはアラゴンと接近し、アラゴンの王位継承者のペドロ三世に、娘のコスタンツァを嫁がせた。

マンフレーディにシュタウフェン家の再興を期待するものもいたが、シャルル・ダンジューのシチリア王の戴冠によって、それは困難なものとなっていた。シャルル・ダンジューのローマにおける戴冠式の五〇日後の一二六六年二月二六日、マンフレーディはシャルル・ダンジュー軍とのベネヴェントの戦いで、死に場所を求めるように一人で戦いに突入したという。マンフレーディの遺体は戦場に残された。

勝利を収めたシャルル・ダンジュー軍は、勇敢に戦って戦死したマンフレーディの遺体に敬意を表してベネヴェントのリーリ橋のたもとに埋葬した。それを聞いた教皇クレメンス四世は、破門を受けたものには神聖な地上で休息することはできないとして、コセンツァ大司教にマンフレーディの遺体を掘り出させて、川に投げ込むように命じた。

シュタウフェン家の生存する正統な後継者は、コンラート四世の息子コッラディーノ一人になった。父コンラート四世がイタリアに向かったとき、バイエルンに残した妻エリーザベトは身ごもっていた。それがシュタウフェン家最後の後継者コッラディーノである。

マンフレーディが亡くなると、一五歳になるコッラディーノはシュタウフェン家の支持者の要請を受けて、皇帝派の都市であるパヴィーア、ピーサ、シエーナを通ってイタリアを南下した。

断頭台の露と消えたコッラディーノ

皇帝派のローマで、シュタウフェン家の最後の王コッラディーノは歓迎をうけた。シュタウフェン家の王がシチリア王国に来ることを知ったルチェーラのムスリムは、アンジュー家に反乱を起こし、コッラディーノ軍を支援した。コッラディーノ軍は、一二六八年八月二三日、タリアコッツォで、シャルル・ダンジュー軍に敗北した。敗走したもののなかには、のちにアンジュー家に対する長い戦いを海賊として続けたものもいたという。

捕虜となったコッラディーノは、一二六八年一〇月二九日、ナポリの広場の断頭台で斬首された。シュタウフェン家の最後の王の首が地面に転がったとき、空から一羽の鷲が急降下して、コッラディーノの血を右翼に塗りつけると、空に飛びあがっていったという言い伝えがある。鷲はシュタウフェン家の紋章であった。かれの死によって、シュタウフェン家の血は途絶えることになる。

フリードリヒ二世は、シチリア王国の中央集権的な支配体制を強化し、神聖ローマ帝国へのシチリア王国の統合を追求し、それまでキリスト教世界の辺境であったシチリア王国をヨーロッパの政治・文化圏に組み入れた。フリードリヒ二世は五つの都市、パレルモ、マインツ、アーヘン、ローマ、イェルサレムで戴冠したが、その大きな広がりをもったシュタウフェン家の帝国は消えてしまった。

「シチリアの晩禱」事件

フリードリヒ二世が亡くなって三二年後、マンフレーディが戦死して一六年後、そしてコッラディーノが死去して一四年後の一二八二年の復活祭に、シチリア島のパレルモでアンジュー家支配に対する反乱がおこった。「シチリアの晩禱」と呼ばれるものである。

この反乱はシチリア島を支配したアンジュー家のフランス人やプロヴァンス人に対する反発もあったが、その主たる要因は北イタリアにおける戦費を賄うためにフリードリヒ二世がおこなった過度な課税、都市の自治の否定、シチリア人とは無関係の終わることのない戦いなどで、長期間にわたってシチリア人に鬱積した不満の爆発という側面があった。

あとがき

少年老い易く学成り難し。いささか陳腐であるが、筆者の今の、偽らざる心境である。本書は白髪になっても学ぶ心を失わないという隋代の儒学者王通が残した「白首北面」の心意気で、萎える心を奮い立たせて書き上げたものである。とは言え、本書はフリードリヒ二世の研究書ではない。長年にわたって買いためていた多くの先行研究をもとにまとめた、フリードリヒ二世の評伝である。

若き頃、「ヨーロッパとは何か」という問題意識から、「ゲルマン的世界とラテン的世界」を結合した人物フリードリヒ二世に漠然とした憧れにも似た関心をもった。専門とする研究の書物は姿勢を正して机の上で読むとして、フリードリヒ二世に関するものは外国旅行の時間つぶしに持参するのが、無意識のうちに習慣となっていたようである。飛行機の待ち時間で、あるいは飛行機のなかでそれらの本を読んでいたのであろうが、この評伝をまとめるにあたって読み直したほとんどの本に飛行機の搭乗券の切れ端が挟まれていた。

イタリアと日本を、ローマとパレルモを往復したアリタリア航空のものが多い。カンボジアのゴミ山で生きる子どもを支援していたころに搭乗したベトナム航空、マレーシア航空、タイ航空のものもあった。中国の貴州省の苗族の子どもや黒竜江省のオロチョン族の子ども支援のために利用した中国南方航空や中国北方航空のもの、そして北朝鮮の保育園に太陽光発電機、食料、書籍、肥料の支援のために乗った高麗航空のものもあった。パレルモ大聖堂にあるフリードリヒ二世の石棺が置かれた場所にはいる入場券の半券もあった。

本書は、欧米の先行研究のほかに、すぐれた研究が数多く蓄積されている日本のイタリア中世史研究者の成果を利用させていただいた。中世の法制史に詳しい、阪上眞千子さんのフリードリヒ二世研究の数多くの論文を利用させていただいた。阪上さんには貴重な文献をお借りしたばかりでなく、草稿にも目を通していただき、心からの感謝の意を表したい。

コロナ禍で図書館に通うのも難しい状況にあったとき、東京経済大学図書館の久世泰子さんに特別の配慮を賜った。ここに深くお礼を申し上げたい。

大寒波が襲来したとき、ヴェネツィアの運河は氷結するのかという質問について、ヴェネツィア滞在が長く、イタリアの文化全般に造詣の深い中山悦子さんに、凍結した干潟の上でスケートをする人たちを描いた一八世紀の絵画の存在をご教示いただいた。また、中山さんには、平凡社の湯原公浩さんを紹介していただいた。あわせて、中山さんのご厚情に感謝いたします。湯原さんには、厳しい出版状況のなかにもかかわらず、拙著の出版を決断していただいたことに御礼を申し上げます。平凡社の編集者の進藤倫太郎さんには、拙稿を懇切丁寧に読んでいただき、数々の貴重なご指摘をいただきましたことに深謝いたします。

姪の藤澤祥子さんには今回もいろいろとお世話になり、ありがとうございました。

二〇二一年　二年目のコロナ禍の九月　八王子にて

藤澤房俊

参考文献

邦文

飯塚七海「中世アラブ世界における鷹狩り――『鷹狩全書（Kitab al-Kafi fi al-Bayzarah）』第三章を中心に」、『史観』第一八二冊、二〇二〇年三月、早稲田大学史学会。

池上俊一『ヨーロッパ中世の宗教運動』名古屋大学出版会、二〇〇七年。

同　『ヨーロッパ中世の想像界』名古屋大学出版会、二〇二〇年。

太田敬子『十字軍と地中海世界』山川出版社、二〇一一年。

尾崎秀夫「一二二〇年代後半の教皇領での戦争と防衛」『神戸海星女子学院大学研究紀要』五三巻、二〇一四年。

亀長洋子『中世ジェノヴァ商人の「家」』刀水書房、二〇〇一年。

エルンスト・カントーロヴィチ（小林公訳）『皇帝フリードリヒ二世』中央公論新社、二〇一一年。

フランシス・ギース（椎野淳訳）『中世ヨーロッパの騎士』講談社学術文庫、二〇一七年。

ジョゼフ・ギース／フランシス・ギース（栗原泉訳）『中世ヨーロッパの城の生活』講談社学術文庫、二〇〇五年。

久保正幡「LiberAugustalis について」『法制史研究三二』、一九八四年。

齊藤寛海『中世後期イタリアの商業と都市』知泉書館、二〇〇二年。

同　編『世界歴史大系 イタリア史2 中世・近世』山川出版社、二〇二一年。

阪上眞千子「フェデリーコ二世治下のシチリア王国における国家組織・経済・社会」『阪大法学』第四六巻第一号（通巻一八一号）一九九六年。

同　「フェデリーコ二世治下のクーリア」『阪大法学』第四九巻第二号、通巻二〇〇号、一九九八年八月。

同　「フェデリーコ二世時代のシチリア王国における王権と教会の関係」『阪大法学』第四九巻第三・四号、一九九八年一一月。

同　「ナポリ大学の創設――ヨーロッパ最初の「国立」大学」『法史学をめぐる諸問題 佐藤篤士先生古希記念論文集』、敬文堂、二〇〇四年。

榊原康文「一三世紀前半フェデリーコ二世統治下シチリア王国における「司法官」――「シチリア王国勅法集成」の検討を中心に」『北海道大學文學部紀要』四五‐三、一九九七年。

同　「「危機の時代」（一一八九―一二二〇年）におけるシチリア王国行政――M・カラヴァーレとJ-M・マルタンの所説の検討を中心に」『西洋史論集』二号、一九九九年。

佐藤眞典『中世イタリア都市国家成立史研究』ミネルヴァ書房、二〇〇一年。

佐藤次高『世界の歴史八 イスラーム世界の興隆』中公文庫、二〇〇八年。

清水廣一郎抄訳・解説「シチリア王国勅法集成」『西洋法制史料選Ⅱ 中世』、創文社、一九七八年。

神聖ローマ皇帝 フリードリッヒ二世（吉越英之訳）『鷹狩りの書――鳥の本性と猛禽の馴らし』文一総合出版、二〇一六年。

甚野尚志『中世の異端者たち』山川出版社、一九九六年。

アルド・A・セッティア（白幡俊輔訳）『戦場の中世史――中世ヨーロッパの戦争観』八坂書房、二〇一九年。

高山博『中世シチリア王国の研究――異文化が交差する地中海世界』東京大学出版会、二〇一五年。

『中世イタリア詞華集――シチリア派恋愛抒情詩選』（瀬谷幸男・狩野晃一訳）論創社、二〇一五年。

中谷良「一三世紀後半のナポリ王国における封建領主層の台頭――カピタナータ地域の紛争に着目して」『都市文化研究』二〇、二〇一八年。

西川洋一「シチーリア王国勅法集成の法源論」、海老原明夫編『法の近代とポストモダン』東京大学出版会、一九九三年。

同　「シチリア王国勅法集成の訴訟法」（一）（二）（三）『法学協会雑誌』一一五‐二、八、一二、一九九八年。

フリードリヒ・ニーチェ『ニーチェ全集』（第一四巻）理想社、一九六七年。

藤崎衛監修「第一リヨン公会議（一二四五年）決議文」『クリオ』三〇号、二〇一六年。

ヤーコプ・ブルクハルト（柴田治三郎訳）『イタリア・ルネサンスの文化』中央公論社、一九七九年。

キアーラ・フルゴーニ（三森のぞみ訳）『アッシジのフランチェスコ――ひとりの人間の生涯』白水社、二〇〇四年。

マルコ・ポーロ（月村辰雄・久保田勝一訳）『マルコ・ポーロ東方見聞録』岩波書店、二〇一二年。

アミン・マアルーフ（牟田口義郎・新川雅子訳）『アラブが見た十字軍』リブロポート、一九八六年。

山辺規子『ノルマン騎士の地中海興亡史』白水社、一九九六年。

同「中世の教皇領」中村賢二郎編『国家――理念と制度』京都大学人文科学研究所、一九八九年。

吉越英之『ルネサンスを先駆けた皇帝――シュタウフェン家のフリードリッヒ二世』慶友社、二〇〇九年。

『ヨハネの黙示録』（小河陽訳）講談社学術文庫、二〇一八年。

レーオポルト・フォン・ランケ（村岡晳訳）『世界史の流れ――ヨーロッパの近・現代を考える』ちくま学芸文庫、一九九八年。

バーナード・ルイス（加藤和秀訳）『暗殺教団――「アサシン」の伝説と実像』講談社学術文庫、二〇二一年。

ジャック・ルゴフ（池上俊一・梶原洋一訳）『アッシジの聖フランチェスコ』岩波書店、二〇一〇年。

欧文

AA.VV., *Atti del Convegno di studi su Federico II*, Jesi, 28-29 maggio 1966, Jesi, Biblioteca Comunale, 1976.
AA.VV., *Federico II e le nuove culture*. Atti del XXXI Convegno storico internazionale, Todi, 8-12 ottobre 1994, Centro italiano di studi sull' alto medioevo, Spoletom 1995.
AA.VV., *Politica e cultura nell' Italia di Federico II*, a cura di Sergio Gensini, Pisa, Pacini, 1986.
AA.VV., *Federico II e Casamari. Atti del convegno nazionale di studi nell' ottavo centenario della nascità di Federico II*（1194-

1250), Casamari, 16 settembre 1995, Edizioni Casamari, 1996.

AA.VV., *Federico II e la civilità comunale nell' Italia del Nord*, Atti del Convegno internazionale promosso in occasione dellVIII centenario della nascità di Federico II di Svevia, Roma, Edizioni De Luca, 1999.

AA.VV., *Atti del Convegno Internazionele di Studi Federiciani*, VII Centenario della morte di Federico II Imperatore e re di Sicilia (10-18 dicembre 1950), Palermo, 1952.

AA.VV., *Federico II e le Marche*, Atti del Convegno internazionale promosso in occasione dellVIII centenario della nascità di Federico II di Svevia, Roma, Edizioni De Luca, 2000.

David Abulafia, *Federico II, Un imperatore medievale*, Einaudi, Torino,1993 (*Frederick II. A medievale emperor*, London, Allen Lane The Penguin Press, 1988).

Giulia Barone, *Federico II e gli Ordini mendicanti*, in AA.VV., *Federico II e l'Italia. Percorsi, Luoghi, Segni e Strumenti*, Comitato nazionale per le celebrazioni dell' VIII centenario della Nascità di Federico II,De Luca, 1996.

Federico II Enciclopedia Fridericiana, Roma, Istituto della Enciclopedia italiana, vol.I-III, 2006.

Federico II e le scienze (a cura di Pierre Toubert e Agostino Paravicini Bagliani), Palermo, Sellerio, 1994.

Federico II e il mondo mediterraneo (A cura di di Pierre Toubert e Agostino Paravicini Bagliani), Palermo, Sellerio, 1994.

Federico II e la Sicilia (A cura di di Pierre Toubert e Agostino Paravicini Bagliani), Palermo, Sellerio, 1994.

Federico II e le città italiane (A cura di di Pierre Toubert e Agostino Paravicini Bagliani), Palermo, Sellerio, 1994.

Mariateresa Fumagalli Beonio Brocchieri, *Federico II. Ragione e fortuna*, Laterza, Roma-Bari, 2004.

Carlrichard Brühl, *L'intinerario italiano dell' imperatore : 1220-1250*, in AA.VV., Federico II e le città italiane, *op. cit.*.

Carlrichard Brühl, *Federico II : personalità di un sovrano*, in AA.VV., *Federico II e il mondo mediterraneo*, *op. cit.*.

Gregorio Caravita, *Federico II imperatore nell'ottavo centenario della nascita, 1194-1994 —i rapporti con Ravenna*, Luise Editore,1994.

Franco Cardini, *Federico II e gli Ordini cavallereschi, in AA.VV., Federico II e l'Italia. Percorsi, Luoghi, Segni e Strumenti*, Comitato nazionale per le celebrazioni dell' VIII centenario della Nascità di Federico II, Roma, De Luca, 1996.

Giulio Cattaneo, *Federico II di Svevia. Lo specchio del mondo*, Newton Compton, Roma, 1992.

Cesare Colafemmina, *Federico II e gli ebrei*, in AA.VV., *Federico II e l'Italia. Percorsi, Luoghi, Segni e Strumenti, op. cit.*.

Pina Belli d' Elia, *Gli edifici sacri*, in AA.VV., *Federico II e l'Italia. Percorsi, Luoghi, Segni e Strumenti, op. cit.*.

Vincenzo Dell' Aere, *Castel del Monte. Segreti, misteri e verità nascoste*, Aprilia, Eremonn Edizioni, 2009.

Paolo Delogu, *Unio regni ad imperium : l'Italia meridionale e l'impero germanico nel medioevo*, in AA.VV., *Federico II e l'Italia. Percorsi, Luoghi, Segni e Strumenti, op. cit.*.

Francesco M. De Robertis, *Federico II di Svevia nel mito e nella realtà. Notazioni critiche e ricostruttive sulla figura e l'opera-spesso tutt' altro che esaltanti- del maggiore dinasta dell' Occidente*, Bari, Società di storia patria per la Puglia, 1998.

Antonio de Stefano, *La cultura alla corte di Federico II imperatore*, Palermo, F. Ciuni libraio Editore, 1938.

Alberto Del Vecchio, *La legislazione di Federico II imperatore*, Torino, Editore E.L.S., 1874.

Gina Fasoli, *Aspetti della politica italiana di Federico II*, Bologna, Riccardo Patron, 1964.

Carlo Fornari, *Federico II e San Franceso*, Parma, Edizioni all' insegna del Veltro, 2005.

Giustino Fortunato/Giovanni Villani, *L'età fredericiana*, Roma, Calice, 1994.

Hubert Houben, *Federico II Imperatore, Uomo, Mito*, Bologna, il Mulino, 2009（*Kaiser Friedrich II*（*1194-1250*）. *Herrscher, Mensch und Mythos*, Stuttgart, Kohlhammer, 2008）.

Eberhard Horst, *Federico II di Svevia. L'imperarore filosofo e poeta*, Milano, Rizzoli, 1981（*Friedrich der Stafereine biographie*, Claassen-Verlag GmbH, Dusseldorf, 1977）.

Norbert Kamp, *Federico II, in Federico II Enciclopedia Fridericiana*, Roma, Istituto della Enciclopedia italiana, vol.I., 2006.

Walter Koch, *Ferderico II e la Cancelleria*, in AA.VV., *Federico II e l' Italia. Percorsi, Luoghi, Segni e Strumenti, op. cit.*.

Theo Kölzer, *Unio Reggni ad Imperium*, in *Federico II Enciclopedia Fridericiana*, *op. cit.*.

Theo Kölzer, 《*Magna imperialis curia*》, in AA.VV., *Federico II e la Sicilia*, Palermo, Sellerio, 1998.

Raffaele Lincio, *Castelli medievali. Puglia e Basilicata : Dai normanni a Federico II e Carlo I d' Angiò*, Barri, Dedalo, 1994.

Raffaele Lincinio, *Federico II e gli impianti castellari*, in AA.VV., *Federico II e l' Italia. Percorsi, Luoghi, Segni e Strumenti*, *op. cit.*.

Massimiliano Macconi, *Federico II. Sacralità e potere*, Genova, ECIG, 1996.

Jean-Marie Martin, *Diversità e unità del Regno*, in AA.VV., *Federico II. Immagine e potere*, Comitato nazionale per le celebrazioni dell' VIII centenario della Nascita di Federico II, Marsilio, Venezia, 1995.

Federico Martino, *Federico II : il legislatore e gli interpreni*, Giuffrè, Milano,1988.

Georgina Masson, *Federico II di Svevia*, Milano, Rusconi, 1978（*Frederik II of Hohenstaufen*, Martin Secker, London,1957）.

Ferdinando Maurici, *Federico II e la Sicilia. I castelli dell' Imperatore*, Catania, Maimone, 1977.

Stefania Mola（a cura di）, *Castel del Monte*, Bari,Mario Adda Editore, 1991.

Eucardio Momigliano, *Federico II di Svevia*, Milano, Corbaccio, 1933.

Enrico Monti, *Federico Secondo Svevo. Il potere, Luce del Mondo*, Milano, Todariana, 1992.

Antonio Parlato, *Federico II a Napoli*, Napoli, E.S.I., 1999.

Pierre Racine, *Federico II di Svevia. Un monarca medievale alle prese con la sorte*, Milano, Giuffrè, 1998.

Francesco Renda, *Federico II e la Sicilia*, Palermo, Rubbettino, 2012.

Jean Richard, *Anticristo / Messia, in Federico II Enciclopedia Fridericiana, op. cit.*.

Andrea Romano, *Federico II e lo Studium generale di Napoli*, in AA.VV., *Federico II e l' Italia. Percorsi, Luoghi, Segni e Strumenti*, *op. cit.*.

Renatto Russo, *Federico II. Cronaca della vita. Cronaca della vita di un Imperatore e della sua discendenza*, Barletta, Editrice Rotas,1994.

Salimbene de Adam, *Cronica*, Bari, Laterza,1966.

Mario Sanfilippo, *Le "Civitas Novae"*, in AA.VV., *Federico II e l' Italia. Percorsi, Luoghi, Segni e Strumenti, op. cit.*.

Mario Bernabò Silorata, *Federico II di Svevia Saggggezza di un imperatore*, Convivo, 1993.

Wolfgang Stürner, *Federico II. Il potere regio in Sicilia e in Germania 1194-1220*, De Luca, Editori d' Arte, 1998（Friedrich II, Teil I: *Die Konigsherrschaft in Sizilien un Deutschland 1194-1220*, Wissenschaftliche Buchergesellschft, Darmstadt, 1992）.

Wolfgang Stürner, *Federico II e l' apogeo dell' Impero*, presentazione di Ortensio Zecchino, Salerno, Editrice Antenore 2009（*Friedrich II, Teil II: Der Kaiser 1220-1250*, Wissenschaftliche Buchergesellschft, Darmstadt,2000）.

Thomas Curtis van Cleve, *The Emperor Fredrich II of Hofenstaufen, Immutator Mundi*, Oxford, 1972.

Ernst Wilhelm Wies, *Federico II, Mesia o Anticristo ?* Genova, ECIG, 1994（*Friedrich II von Hohenstaufen. Messia order Antichrist*, Bechtle Verlang München, Esslingen, 1994）.

Carl A. Willemsen, *I Castelli di Federico II nell' Italia meridionale*, Napoli, S. E. N., 1979（Die Bauten Kaiser Friedrichs II in Süditalien, Stuttgart 1977）.

Ortenso Zecchino, *Una tragedia imperiale. Federico II e la ribellione del figlio Enrico*, Roma, Salerno Editrice, 2014.

図版出典一覧

Federico II. Cronaca della vita di un Imperatore e della sua discendenza, Barletta,Rotas, 1994.
p.17右上,17右下,17左上,17左下,171,209

Federico II e l' Italia, Roma,De Luca, 1996.
p.31,33,67,82,85,89上,101,149上,149下,151,152,226

Federico II. Immagine e potere, Venezia,Marsilio, 1995. p.90,113,128,140,153,159

Hubert Houben, *Federico II Imperatore, Umo, Mito*, Bologna, il Mulino, 2009.
p.89下,195,196,234上,234下

ウィキメディア・コモンズ p.9,182,207

ユニフォトプレス p.224, カバー表 ,口絵

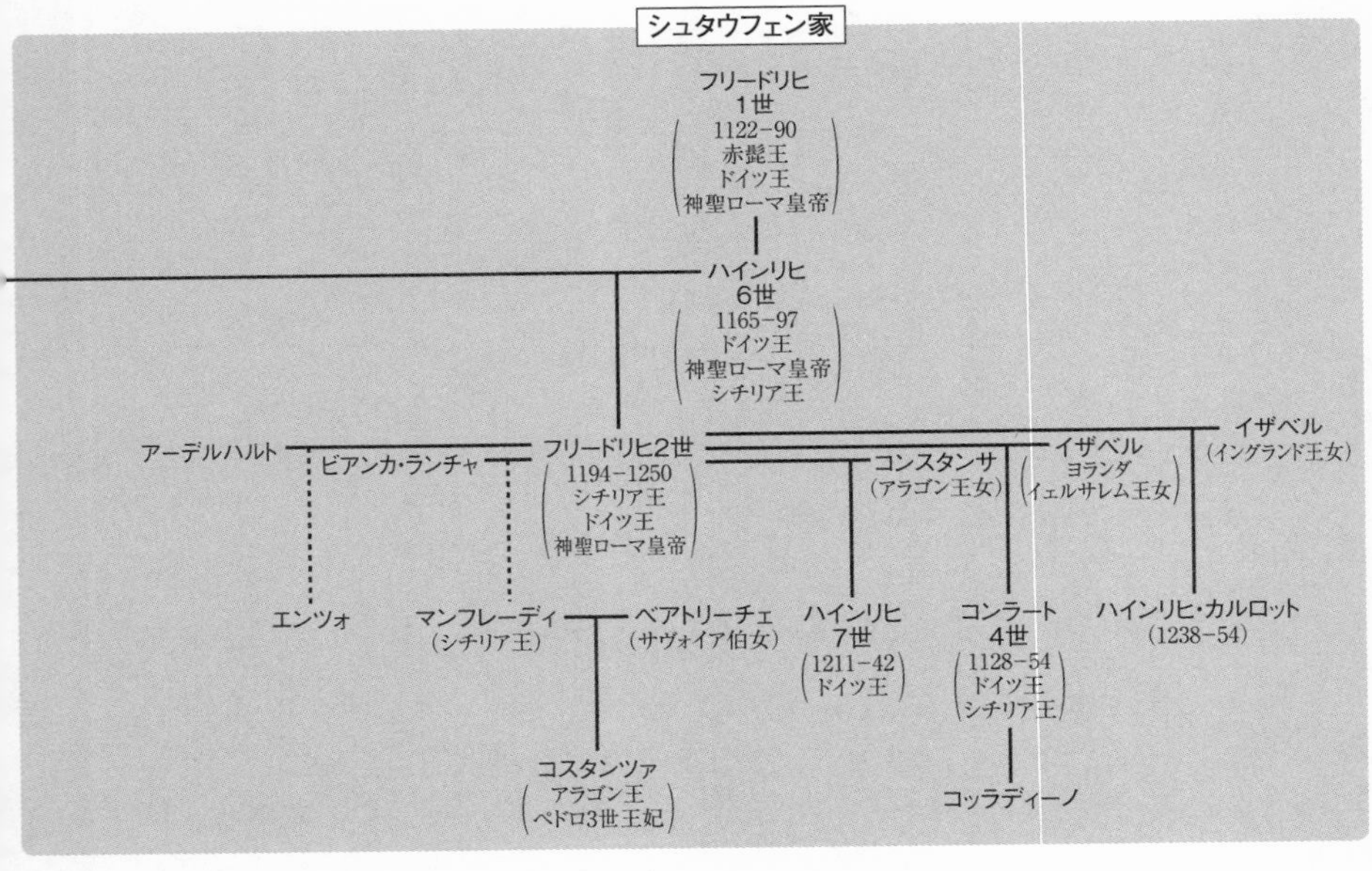

		ボローニャの捕虜となる。
1250	（56歳）	フリードリヒ２世、フィオレンティーノ城で、12月13日没。
1254		コンラート４世、死去。
		マンフレーディ、シチリア王に即位。
1266		シャルル・ダンジュー、ローマでシチリア王として戴冠。マンフレーディ、ベネヴェントで敗死。
1268		コッラディーノ、タリアコッツォの戦いで敗れ、ナポリで斬首。
1282		シチリアの晩禱事件。フランスのシチリア島支配が終わり、アラゴン家支配となる。

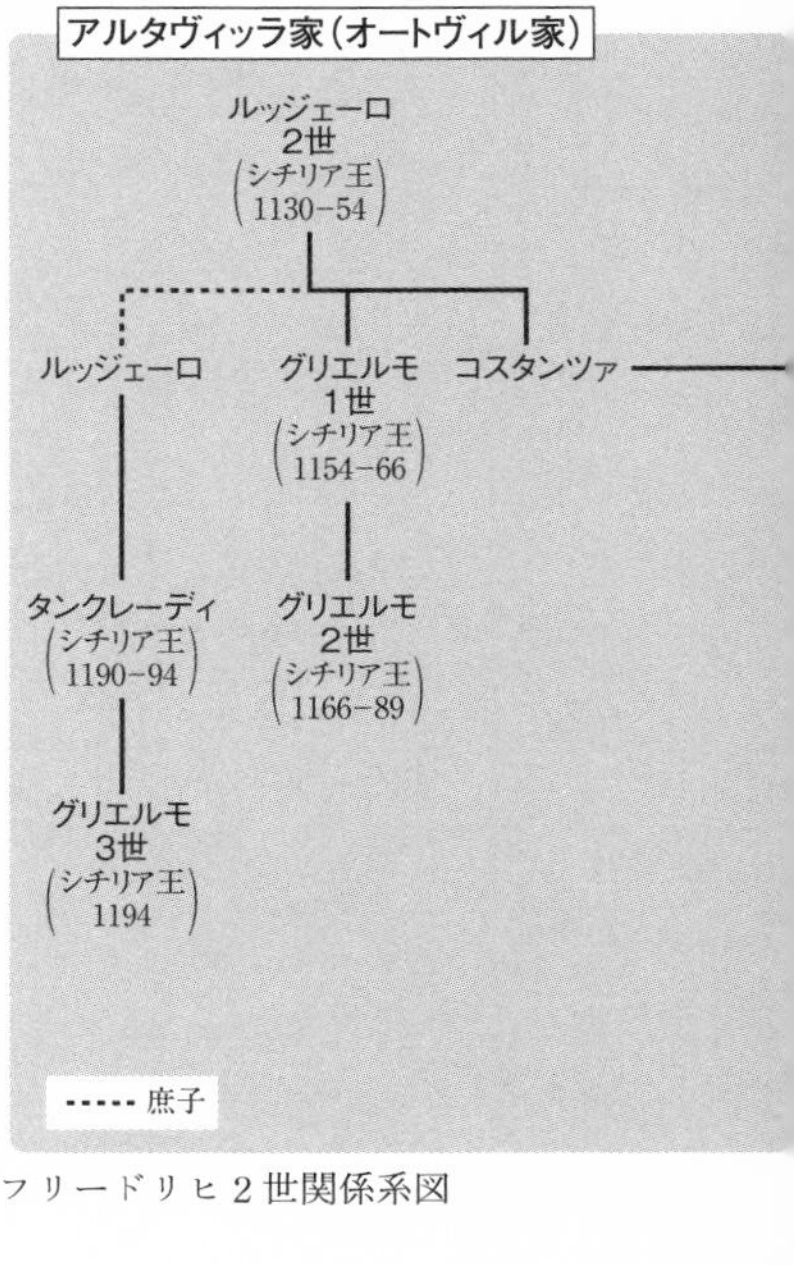

フリードリヒ２世関係系図

1223	29歳	プーリアのフォッジアに王宮建設。
1224	30歳	シチリアのムスリムをプーリアのルチェーラに強制移住。フリードリヒ2世、ナポリ大学（現フェデリコ2世ナポリ大学）を創設。
1225	31歳	教皇ホノリウス3世、フリードリヒ2世に十字軍遠征を督促。フリードリヒ2世、イェルサレム女王イザベル・ド・ブリエンヌと結婚。
1226	32歳	クレモーナでの諸侯会議を告知。第二次ロンバルディーア都市同盟結成。アッシジのサン・フランチェスコ没。
1227	33歳	教皇ホノリウス3世没、グレゴリウス9世教皇即位。フリードリヒ2世、十字軍遠征に出発するも、伝染病のために帰還。教皇グレゴリウス9世、フリードリヒ2世を破門。イザベル・ド・ブリエンヌ、コンラート4世を生む。
1228	34歳	フリードリヒ2世、第5回十字軍遠征に出発（～29年）。
1229	35歳	フリードリヒ2世、イェルサレムに入城。アイユーブ朝スルタン、カーミルと交渉して聖地回復と10年間の休戦協定締結を実現。11月9日イェルサレム王として戴冠（～50年12月13日）。ブリンディジに帰還。
1230	36歳	フリードリヒ2世、グレゴリウス9世と和解。サン・ジェルマーノの講和。
1231	37歳	メルフィ法典の公布。アウグストゥス金貨発行。
1232	38歳	チヴィダーレ諸侯会議。ビアンカ・ランチャとの間に庶子マンフレーディ（のちにシチリア王）誕生。
1234	40歳	ドイツでハインリヒ7世、父フリードリヒ2世に反抗し、ロンバルディーア都市同盟と結ぶ。
1235	41歳	ハインリヒ7世を廃位（1242年に自死）。フリードリヒ2世、イングランド王女イザベル（ジョン王の娘）と結婚。
1236	42歳	第一次ロンバルディーア遠征。ヴィチェンツァ攻略。
1237	43歳	フリードリヒ2世、コルテヌオーヴァの戦いでロンバルディーア同盟軍を破る。コンラート4世、ドイツ王に選出、即位（～54年）。
1238	44歳	ブレッシァ攻略に失敗。
1239	45歳	教皇グレゴリウス9世、フリードリヒ2世を破門。
1240	46歳	ロマーニャ遠征、ラヴェンナ攻略。この頃、カステル・デル・モンテが完成。
1241	47歳	フリードリヒ2世、ファエンツァ攻略。公会議でローマに向かう高位聖職者を捕縛。グレゴリウス9世没。
1243	49歳	インノケンティウス4世、教皇即位。ヴィテルボの反乱。
1244	50歳	教皇インノケンティウス4世、リヨンへ逃避。
1245	51歳	リヨン公会議、フリードリヒ2世の廃位を宣告。
1247	53歳	パルマを包囲し、新都市ヴィットーリアを建設。
1248	54歳	フリードリヒ2世、パルマで惨敗。
1249	55歳	ピエール・デッラ・ヴィーニャの裏切り。皇帝代理のエンツォ、

フリードリヒ2世関連年表

西暦	年齢	できごと
1186		フリードリヒ1世バルバロッサ（赤髭王）の息子ハインリヒ6世、シチリア王国の王女コスタンツァ（ノルマン朝シチリア王ルッジェーロ2世の娘）と結婚。
1189		第3回十字軍（～92年）。シチリア王グリエルモ2世没。
1190		フリードリヒ1世（赤髭王）、小アジアで没。ドイツ騎士団の創設。
1191		ハインリヒ6世、皇帝戴冠。シチリア征服を目指すが失敗。
1194		ハインリヒ6世、パレルモに入城し、シチリア王に即位。 12月26日、フリードリヒ、イェージで誕生。
1196		フリードリヒ、ドイツ王に選出
1197		父、皇帝ハインリヒ6世没。
1198	4歳	教皇インノケンティウス3世の選出。フィリップ、ドイツ王に選出。5月、フリードリヒ2世、シチリア王として戴冠。オットー4世、ドイツ王に選出。11月、母コスタンツァ没。教皇インノケンティウス3世、フリードリヒ2世の後見人となる。
1208	14歳	ドイツ王フィリップ、ドイツで暗殺。
1209	15歳	フリードリヒ2世、アラゴン王女コンスタンサと結婚。オットー4世、ローマ皇帝戴冠。フランチェスコ修道会創設。
1210		オットー4世、教皇領、シチリア王国領に侵攻。
1211	17歳	教皇インノケンティウス3世、オットー4世を破門。フリードリヒ2世、バーリ大司教ベラルドを相談役とする。長男ハインリヒ7世誕生。
1212	18歳	ハインリヒ7世、シチリア王として戴冠。フリードリヒ2世、ドイツに向かい、マインツで2度目のドイツ王に選出、フランクフルトで3度目のドイツ王に選出。マインツでドイツ王の戴冠。
1214	20歳	フランス王フィリップ2世、ブーヴィーヌの戦いで、オットー4世とイギリス王ジョンの同盟軍に勝利。
1215	21歳	フリードリヒ2世、アーヘンでドイツ王として正式に戴冠し、十字軍遠征を誓約。イギリス王ジョン、マグナ・カルタに署名。ラテラーノ公会議。ドイツ騎士団団長ヘルマンを側近とする。
1216	22歳	教皇インノケンティウス3世没。教皇ホノリウス3世即位。王妃コンスタンサとハインリヒ7世をシチリアからドイツに呼び寄せる。
1217	23歳	ハインリヒ7世をシュヴァーベン公とする。
1220	26歳	ハインリヒ7世、ドイツ王に選出（～34年）。11月22日、フリードリヒ2世、ローマで皇帝戴冠。カープア勅令を発布。
1221	27歳	シチリア島に戻る。メッシーナ勅令。
1222	28歳	シチリアでムスリムの反乱を鎮圧（～25年）。6月、王妃コンスタンサ死去。

ヤ行

ラ行

マ行

タ行

ナ行

ハ行

カ行

サ行

地名索引

ア行

マ行

ヤ行

ラ行

タ行

ナ行

ハ行

カ行

サ行

人名索引

＊フリードリヒ２世は除く

ア行

[著者略歴]

藤澤房俊（ふじさわ ふさとし）

1943年東京に生まれる。早稲田大学大学院博士課程修了。文学博士。東京経済大学名誉教授。著書に、『赤シャツの英雄ガリバルディ――伝説から神話への変容』（洋泉社、1987年、マルコ・ポーロ賞）、『シチリア・マフィアの世界』（中公新書、1988年／講談社学術文庫、2009年）、『匪族の反乱』（太陽出版、1992年）、『「クオーレ」の時代――近代イタリアの子供と国家』（筑摩書房、1993年／ちくま学芸文庫、1998年）、『大理石の祖国――近代イタリアの国民形成』（筑摩書房、1997年）、『第三のローマ――イタリア統一からファシズムまで』（新書館、2001年）、『ピノッキオとは誰でしょうか』（太陽出版、2003年）、『マッツィーニの思想と行動』（太陽出版、2011年）、『「イタリア」誕生の物語』（講談社選書メチエ、2012年）、『ムッソリーニの子どもたち――近現代イタリアの少国民形成』（ミネルヴァ書房、2016年）、『ガリバルディ――イタリア建国の英雄』（中公新書、2016年）、『地中海の十字路＝シチリアの歴史』（講談社選書メチエ、2019年）、『カヴール――イタリアを創った稀代の政治家』（太陽出版、2021年）、訳書にスティーブン・ランシマン『シチリアの晩禱――13世紀後半の地中海世界の歴史』（榊原勝との共訳、太陽出版、2002年）がある。

フリードリヒ２世
シチリア王にして神聖ローマ皇帝

2022年３月９日　初版第１刷発行

著　者　藤澤房俊
発行者　下中美都
発行所　株式会社平凡社
〒101-0051 東京都千代田区神田神保町3-29
電話 03-3230-6579（編集）
03-3230-6573（営業）

装　丁　中村竜太郎
印　刷　株式会社東京印書館
製　本　大口製本印刷株式会社
ＤＴＰ　ダイワコムズ

落丁・乱丁本のお取り替えは小社読者サービス係までお送りください（送料小社負担）
平凡社ホームページ　https://www.heibonsha.co.jp/

ISBN978-4-582-44714-9